華大講堂

华大讲堂

Top Forum of Huaqiao University 2013

主　编/陈庆宗　张禹东

副主编/赵小波　王松柏　郑国防

社会科学文献出版社
SOCIAL SCIENCES ACADEMIC PRESS (CHINA)

第 34 讲，2013 年 3 月 15 日，泉州市人大主任陈海基（右）向主讲人李培林颁授“华大讲堂”主讲嘉宾纪念牌。

第 35 讲，2013 年 4 月 19 日，泉州市市长郑新聪（右）为主讲人纪志宏颁授“华大讲堂”主讲嘉宾纪念牌。

第 35 讲，2013 年 4 月 19 日，时任华侨大学党委书记李冀闽（右）为主讲人纪志宏颁授华侨大学兼职教授聘书。

第 38 讲，2013 年 7 月 2 日，中共泉州市委书记黄少萍（左）向主讲人魏后凯颁授“华大讲堂”主讲嘉宾纪念牌。

第 39 讲，2013 年 9 月 11 日，华侨大学校长贾益民向主讲人何祚庥颁授华侨大学名誉教授聘书。

第 40 讲，2013 年 11 月 21 日，华侨大学党委书记关一凡（右）向主讲人张晓明颁授华侨大学兼职教授聘书。

第 41 讲，2013 年 12 月 18 日，泉州市政协主席杨俊峰为主讲人汪玉凯颁授“华大讲堂”主讲嘉宾纪念牌。

“华大讲堂”报告会现场，华侨大学副校长张禹东主持。

前　言

“华大讲堂”是中共泉州市委、泉州市人民政府和华侨大学于2009年联袂创立的公益性高端学术文化讲坛。

主办双方搭建这一平台，旨在发挥高校学术资源和文化高地的优势，广邀国内外各界各领域的著名学者、专家和高层人士，为广大干部群众、社会各界人士和学校师生提供前沿的理论、权威的信息，传播新思想、新观念，以启迪思维、开阔视野，为促进发展提供精神动力和智力支持。

自启动以来，“华大讲堂”已走过整整五载春秋，保持了顺利、持续运作，得到了泉州市和华侨大学的全力支持、协同配合，得到了专家学者的悉心指导、新闻媒体的长期关注和听众网友的热情参与。

春风化雨，润物有声。5年来，“华大讲堂”始终坚持高起点、高要求，体现高水平、高品位，围绕诸多经济社会发展的重点、热点、焦点和难点问题，举办了41场高水平报告会，广邀名家进行深度解读和生动讲解，一大批博学鸿儒纷至沓来，为经济社会发展提供了前沿信息和理论指导。

“华大讲堂”的主讲嘉宾，都是相关领域颇有影响和建树的权威专家，既有著名智库、一流高校的学者，又有国家部委的官员；既有人文社会科学的著名专家，又有两院院士；既有中央政治局集体学习主讲人，又有党和国家重要文件起草人；既有境内又有境外的学者。他们的演讲高屋建瓴、内容丰富、深入浅出、分析精辟、娓娓道来，耐人寻味、启人心智。

“华大讲堂”是校地中心组联合学习的理论平台，也是干部群众涵养知识的文化场所，融思想性、文化性、公益性、开放性于一体。每一讲都有泉州市委中心组和华侨大学党委中心组成员参加，吸引了众多泉州市干部群众和华侨大学师生现场聆听，许多听众都慕名前来。一场场生动精彩的讲座，让泉州各地干部群众和华侨大学教师学生，和名家对话，与鸿儒交流，能够在现场享受学术文化的盛宴，感受思想的魅力。

听众们反映“华大讲堂”由知名专家主讲，内容深刻，受益匪浅。许多华大学生表示在“华大讲堂”听到了来到华大之后最好最精彩的讲座。福建省有关方面也对“华大讲堂”高度赞赏，可以说“华大讲堂”已享誉福建，成为福建省的一个著名品牌。“华大讲堂”在国内学术文化界有一定的影响，一些专家向主办方表达了登临讲堂的意愿，一些知名智库网站和部分地市表达了合作交流意向，诸多中央、省、市级媒体对“华大讲堂”进行了长期关注和跟踪报道。

经过5年的努力，“华大讲堂”的高端品位经受住了时间的考验，赢得了社会各界的广泛赞誉和高度评价，品牌影响力和辐射力不断凸显，成为推动发展的大论坛和加强交流的新窗口，是泉州市和华侨大学合作共赢的典范。

为更好地共享讲座资源，让更多的人都有机会分享到“华大讲堂”的精彩报告，每场报告会都通过网络视频、有线电视进行现场直播和微博实时图文播报，泉州市和华侨大学还分别建设了讲堂专题网页，“华大讲堂”系列丛书已经出版了4辑，深受机关干部、社会各界和学校师生的喜爱。

本书是“华大讲堂”系列报告第5辑。本辑收录了中国社会科学院社会学研究所所长李培林、中国人民银行研究局局长纪志宏、中国社会科学院城市发展与环境研究所副所长魏后凯、中国科学院院士何祚庥、中国社会科学院文化研究中心常务副主任张晓明、中国行政体制改革研究会副会长汪玉凯等6位专家的讲稿，以及与听众的互动交流内容，涵盖社会发展、文化产业、金融改革、政府改革、城镇化建设、能源问题等社会热点难点焦点问题。这些演讲具有宽阔的理论视野和鲜活的时代气息，内容翔实丰富，与社会实际紧密结合，对理论思考和实际工作都有很强的指导性和启发性。

“等闲识得东风面，万紫千红总是春。”面对泉州建设“东亚文化之都”“21 世纪海上丝绸之路先行区”“国际文化交流展示中心”的新机遇，面对世情侨情新变化、华侨大学积极服务国家侨务工作大局和国家经济社会发展的新机遇，主办方将加强合作，积极创新，提高水平，提升品位，大力传播先进文化，努力把“华大讲堂”打造成为独具特色和魅力的区域性高端文化品牌。

期待各界朋友继续关注和支持！

让我们共同努力，携手共进！

编　者

2014 年 3 月

目录
CONTENTS

目录
CONTENTS

李培林简介

李培林　现任中国社会科学院副院长、学部委员，社会学研究所所长、研究员、博士生导师，中共十八届中央候补委员。

曾为中共中央政治局集体学习讲解专题“努力构建社会主义和谐社会”，为全国人大常委讲解专题“加强和创新社会管理的若干问题”。

长期从事社会发展研究，主要研究领域为社会发展、社会结构、企业组织和社会政策，是较早提出中国社会转型理论和经济社会协调发展的社会学家。

撰写的主要著作有《转型中的中国企业：国有企业组织创新论》《新社会结构的生长点：乡镇企业社会交换论》等，主编《中国社会发展报告》《中国新时期阶级阶层报告》等。

全面建成小康社会的社会目标

李培林　　2013年3月15日

各位领导、各位老师、各位同学，借这个机会，我结合近年来的一些研究成果，向大家汇报一下我学习党的十八大报告的一些体会。我今天讲的题目是“全面建成小康社会的社会目标”。

党的十八大报告，提出到2020年全面建成小康社会的总目标以及在经济、政治、文化、社会、生态等领域的具体目标。我今天讲的主要涉及社会建设领域的一些具体目标。

“社会建设”的概念，实际上是在提出科学发展观以后的2004年才提出的，这个概念在我们的教科书里是没有的。尽管在20世纪30、40年代，一些老的社会学家曾经提出过这个概念，一度还成为讨论的热点，但是与我们现在提出的“社会建设”概念并没有话语上的连续性。“社会建设”的概念在国外也是不存在的，与之相近的普遍使用的概念是“社会发展”。然而，现在“社会建设”成为社会发展领域最宏观的一个概念。

这个概念还在发展的过程中，我们现在强调以民生建设为重点的社会建设，主要包括教育、就业、收入分配、社会保障、医疗健康和社会管理六大民生问题。按照国际上对于社会发展通常的理解，这个概念还应包括更广泛的内容，比如城镇化、减贫、社会融入等等。实现全面建成小康社会的社会建设领域的目标，经济发展还是基础，所以我先讲一下经济目标。

一　关于全面建成小康社会的经济目标

“小康社会”是小平同志在改革开放初期就提出的“三步走”发展战略中的重要一环。按照他老人家的设想，就是人均GDP达到800美元的发展水平，这个目标我们在20世纪末就达到了。当时我们把它叫作总体上实现了小康，现在我们的目标是到2020年全面建成小康社会。全面小康和总体小康是不一样的，全面就是不单是经济目标，包括方方面面的目标都要达到标准。但是经济还是最重要的，所以党的十八大提出，到2020年经济比2010年在GDP总量和城乡居民收入上都要翻一番。

按照我们现在的测算，由于我国2011年GDP增长了9.3%，2012年又增长了7.8%，所以在未来的年份里，我们能够保持GDP年均增长6.9%就能够实现翻一番的目标。表面上看，这似乎是比较容易的，因为过去若干年来我国经济都年均增长10%左右，但是现在经济增长处于下行的趋势，在实现结构调整目标的同时仍然保持一个较快的增长速度还是要付出极大努力的。

城乡人均收入翻一番要比GDP总量翻一番难，因为我国人口至今每年仍净增长600多万，人均分配的总量基数还在不断扩大。因此，要实现这个目标，在今后的一段时间里，城乡居民收入增长的速度必须超过GDP的增长速度，近几年来我们已经实现了这一点。关于经济未来发展的趋势，现在学术界争论比较多，因为存在各种不确定因素。

我国2012年经济增长率下行到7.8%（见图1），这样一个增长速度在国际上看还是一枝独秀，但相对于我国30多年来的高速增长来说，已经是一个增长的低点，但这很可能是今后经济增长的常态。

2012年上半年，国内生产总值达227098亿元，同比增长7.8%。未来经济到底是往什么方向发展呢？从全国来看，还是相对比较乐观，因为现在经济增长下行比较明显的主要是东部地区，2012年西部地区还没有一个省份低于10%，中部地区也没有。增长速度在7.5%以下的，就是上海、北京、广东、浙江这些地方，但是这些地区都是经济总量相对来说比较大的。

2013年的全国31个省（市、区），按照现在公布的情况来看，把经济增长目标定在10%以上的有27个，多数省份还在以10%左右的速度增长。当然现在增长速度的数据也有一些问题，因为按照国家统计局的统计，全国各省市公布的GDP总量加起来比全国的GDP多了5

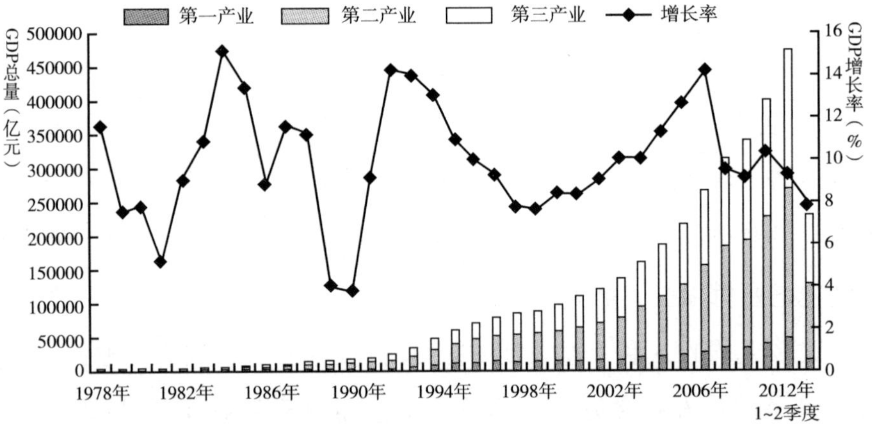

图 1　1978 年至 2012 年前两季度我国三次产业 GDP 变化趋势

万多亿元，所以 GDP 的数据不像财政的数据那么实在。

对当前经济形势的看法，可以分成“国际格局派”“常规周期派”和“新成长阶段派”。国际格局派认为，世界经济仍然未走出衰落和危机的阴影，中国现在已经加入世界经济体系，不可能独善其身，所以我国经济将进入一个“987”的下行阶段，即经济增长速度最终将下行到 7%，甚至还有可能进一步恶化。常规周期派认为，当前经济增长放缓是一个周期规律的表现，我们改革开放以来已经把 10% 左右的经济增长速度保持了 30 多年，所有的经济起飞阶段国家，很少能把这样的高速度保持这么长的周期，随着我国经济总量的不断扩大和约束条件的改变，经济增长将从超常规阶段转入常规阶段，平均增长率下行是一个必然的趋势，但是未来我们在 7%~8% 的速度还可以继续保持二三十年。新成长阶段派认为，增长速度的下行不是一个简单的经济短期景气的问题，而是中国现在正在发生着阶段性的重大变化。不仅增长的动力开始发生变化，将从投资和出口逐步转向更多地依赖国内消费，而且推动的力量也从单纯地主要依靠工业化，变成工业化和城镇化双引擎，低成本劳动力时代一去不复返了，环境约束更加严峻了，我们必须靠转变发展方式来开辟一个新成长阶段。

这些看法给我们很多警示，我们必须研究当前发生的重大变化。如何选择未来的发展战略，是我们能否继续保持经济快速增长的关键因素。为什么我们还要强调发展是硬道理？说一千道一万，经济还是基础，如果没有经济目标的如期达到，社会方面目标的完成和实现是很困难的。

二　全面建成小康社会的就业目标

党的十八大提出，要实施就业优先战略和更加积极的就业政策。但是，在就业人群的优先次序上，与过去相比发生了一些变化，就是把以高校毕业生为重点的青年就业排在第一位，以前是把转移劳动力就业放在第一位的。这个变化也说明了我们就业形势的转变。中国劳动力就业市场还是一个相对分割的市场，主要分割成蓝领就业市场和白领就业市场。现在在蓝领就业市场上的主要情况是招工难和工资上涨。从全国来看，当前农民工的就业形势比较令人意外，因为过去经济快速下行的时候，全国会出现大量的农民工失业，但是这次非但没有出现这种情况，而且还存在农民工的招工难问题，即所谓结构性短缺，这是过去从来没有的。与此同时，在白领就业市场，也就是大学生竞争的就业市场上，现在就业的困难比过去越来越大。但是这两个市场不是相通的，不是说蓝领短缺了，大学生就能补充。这些年来的大学扩招使大学毕业生逐年增加，产业升级赶不上大学教育的快速发展，没有办法提供大量的现代服务业的就业机会，来满足不断增加的大学毕业生的就业需求。

另外，在就业方面还有一个农村劳动力转移的问题，这个问题和我们过去的判断相比也发生了一些变化。过去我们在理论上推论，全国有3亿多农村劳动力，按照18亿亩耕地的劳动力需求，只需要1亿人从事农业耕作就足够了，所以要继续转移出2亿多农村劳动力。但是现在农村劳动力出现了高度老龄化的情况，留在农村的劳动力多数都在40岁以上，而在非农初级劳动力市场，一般招工都是要17岁到30岁的，理论上是要转移出来，但是实际上转移出来越来越困难，农村的富余劳动力已经不再是真实的工业后备大军。

现在政府公布的城镇登记失业率，实际上已经很难反映就业市场的真实变化。近年来，在就业形势不断变化的同时，全国城镇登记失业率始终在4.1%。这主要是因为这个指标的统计口径太窄，只能反映城镇户籍从业人员的就业状况，而真正就业不稳定、容易失业的是农民工。更能灵敏反映就业市场变动的指标是城镇调查失业率，这个指标目前国内还只是学界在使用。根据过去就业形势变化的统计经验，当失业情况严重的时候（如1997~2003年国有企业职工大规模失业下岗时期和2008年金融危机后农民工大规模失去工作返乡时期），城镇登记失业率和城镇调查失业率会相差很大，而当就业形势好转时，这两个指标就比较接近。例如，2012年城镇登记失业率为4.1%，城镇调查失业率也只有约5.4%（见图2）。不过总的来看，调查失业率总是要高于登记失业率。

2012年的就业情况比较令人意外，我们本来预计这次会像2008年一样，又会出现大量农民工失去工作或找不到工作，但是现在在经济增长下行的情况下，一些劳动力输出的大省，包括四川、安徽，湖南

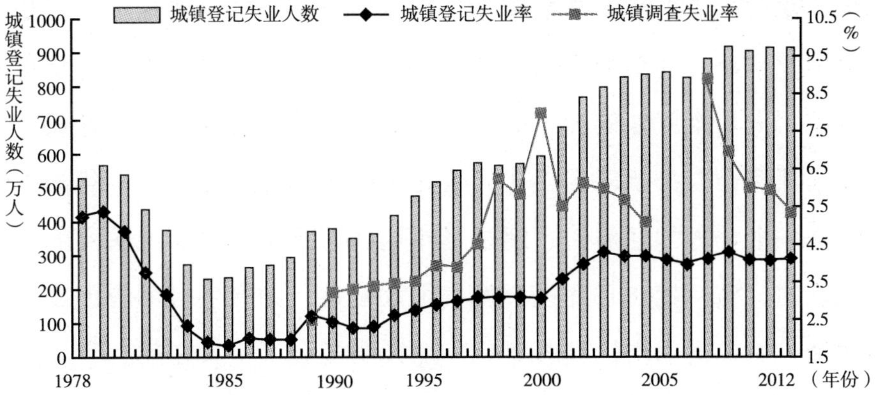

图 2　城镇登记失业率与调查失业率比较

等地，本地的企业用工还不能满足需求。这种情况在改革开放以来还是第一次出现，意味着当前的劳动力供求关系发生的巨大变化。

本来在经济下行的时候，会出现大量裁员，劳动力工资会出现下降，但是现在不但没有出现劳动力的大量失业，而且平均工资还在上升，这对企业的压力比较大（见图 3）。与此形成鲜明对照的，是大学生就业越来越难。总的来说，大学生毕业半年以后还找不到工作的比

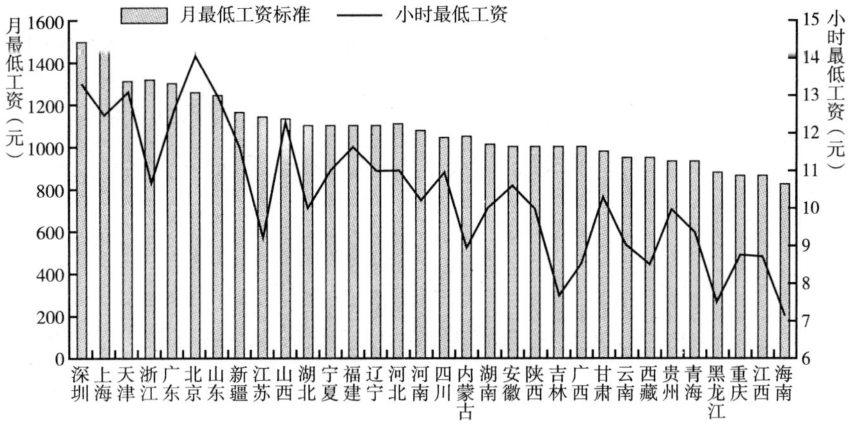

图 3　2012 年各地最低工资标准

较少，通常低于10%。这个指标是一个需要检测的重要指标，就是大学生毕业半年后的就业率。为什么是半年以后呢？大学生就业难首先是延长了大学生就业的搜索时间，找到一个工资待遇、专业性质、发展前景都符合自身要求的工作岗位花费的时间更长了。但半年的搜索时间是一个合理的经验值，超过半年还找不到工作，那说明真的遇到了就业的门槛，就业心理也会发生很大变化，如产生自卑心理或反社会情绪。如果这个指标显著恶化，那说明社会产生潜在的和容易爆发的不稳定因素。

围绕大学扩招的教育政策，也有一些争论，国家是否还需要增加大学招生？我的看法是，还是要保持大学招生适度的增长比例。经过这么多年的大学扩招，我国高等教育的毛入学率也才达到约26%，不但远低于发达国家，也低于发展中国家的平均水平。通过发展高等教育建立人力资源大国，才能保证经济发展的后劲。况且大学教育已经是我国独生子女家庭对孩子的基本期待，国内高等教育发展不起来，家长们就把孩子送到国外去学习，大量家庭的教育消费资金流向海外。

当然，大学本身要注意怎么能和市场的就业有更多的衔接，很多大学校长认为大学是通识教育，不是职业培训所，但是家长不这样认为，家长认为我送孩子上学，首先要能找到一份工作。市场就业需求变化很快，而大学教育相对来说是稳定的，一套教材十年八年都不动，这种情况应当有所改变。

办大学也有教育收益率的问题。根据调查，大学本科毕业半年后的月收入，2010届的大学生大概平均3000块钱，而农民工的月平均工资2012年全国提高到平均2200块钱，相差非常小，那上大学的收益在哪里？从理论上说，上大学是一种人力资本投入，要付学费和牺牲挣钱的机会，毕业后的收入，应当能够偿付上大学的学费贷款，并够维持一个中产阶级的生活。所以我们确实要把教育和就业两个方面更紧密地联系起来。

在劳动就业方面，还有一个热点问题就是劳动关系问题。近若干年来，在非公有经济的劳动密集型企业，出现了劳动关系相对紧张的局面。这个紧张局面，一方面是由于新生代农民工发生的变化。这些80后、90后的新生代农民工，和老一代不一样了，他们出来是要打天下，不是挣钱回去，而是要留在城市里面。他们也知道就业市场发生的变化，所以他们对工资待遇和其他福利的诉求也在不断提高。而我们的劳动密集型企业，主要是依靠低工资来维持利润，现在各种原材料价格在上涨，人民币在升值，这些都是影响企业利润的因素。在这样的情况下，就容易发生老板和工人之间的矛盾冲突。从2011年开始也第一次出现了跨省域的集体停工事件，这种情况要引起重视。从历史上看，很多资本主义国家在转型升级时期，都有几十年的工人运动时期，我们要找到一个符合我们中国国情的制度化办法，解决劳动关系紧张的问题，防止集体停工发展成社会运动。

在城镇化快速发展时期，各地改变土地用途从而获得土地升值收益的冲动非常强烈，但城镇化首先是人的城镇化。现在按城市常住人口计算，我国城镇化率52%多点，但这里面包括在城市半年以上的农民工及其亲属，去掉这一块，完全按城市户籍人口计算，城镇化率实际只有36%左右。这些农民工及其亲属，不仅仅是改变户籍的问题，更重要的是要解决附着于户籍上的子女教育、看病、居住、社会保障等一系列待遇问题，这些人以后要成为新市民。这是全国正在研究的一个比较大的政策。

三　关于全面建成小康社会的收入分配目标

收入分配目标也是人民生活改善的目标。习近平总书记最近强调，社会主义之所以比资本主义优越，最重要的两个目标就是国力不断增强，人民生活水平不断提高。党的十八大提出，从现在到 2020 年，要努力实现居民收入增长和经济发展同步，劳动报酬增长和生产力发展同步，都是有针对性的。

近十几年来，在整个国民收入分配当中，居民收入占的比重是不断下降的，劳动报酬的比重也是在持续下降的，所以这两个比重在今后十年时间要努力做到不断提高。因此就要做到收入分配差距缩小，中等收入群体持续扩大，扶贫对象大幅减少。这个说起来容易，做起来非常难，尽管国务院出台了收入分配改革的方案，但是民众感觉还只是看到原则，没有看到具体要怎么办。

国际上衡量收入差距的通行指标叫作基尼系数，按照基尼系数来测算，我们在改革开放初期的时候只有 0.2 多，当时在全世界比较我们是收入最平均的国家。基尼系数有一个理论上的合理区间，在 0.3~0.4，不是说分配越平均越好，太平均就没有发展的动力。所以改革开放初期我们的政策是要拉开差距，让一部分人先富起来，这在当时是一个带动全局的大政策。

2012 年我国城乡居民家庭年人均收入基尼系数达 0.474（见图 4）。那时很多学者都相信收入差距先扩大后缩小的所谓库兹涅茨“倒 U 曲线”。库兹涅茨是美国的经济学家，他研究了很多发展中国家的起飞过程，发现这些国家起飞时收入差距都是扩大的，到了达到中等收入水

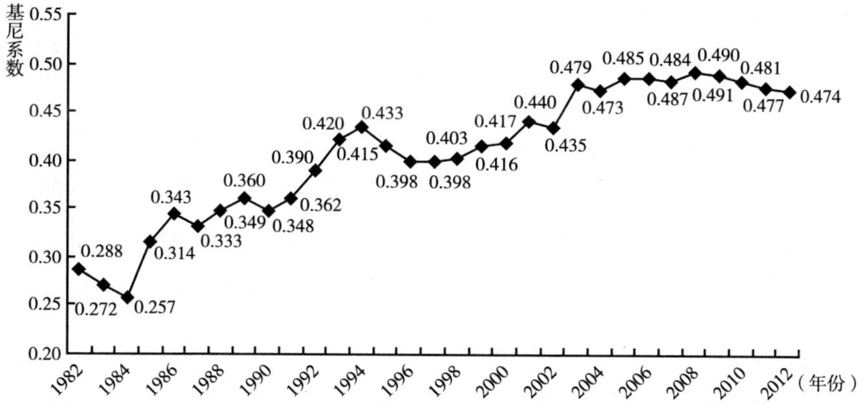

图 4　1982~2012 年我国城乡居民家庭年人均收入基尼系数变化趋势

平以后，这个差距就会缩小。我们原以为中国也会是这样，但中国达到中等收入国家水平后，差距还在扩大。我国大概是从 20 世纪 90 年代中期基尼系数越过了 0.4。根据国家统计局最近公布的数据，基尼系数在 2008 年达到了最高点 0.491，从那时开始发生转折，2012 年仍达 0.474。当然，很多学者认为，中国的隐性收入比重较大而且分配不平均，所以实际的基尼系数可能在 0.5 左右。

从国际上看，欧洲没有一个国家的基尼系数达到 0.5，收入差距较大的国家，主要集中在拉丁美洲，因为拉美很多国家在起飞时采取新自由主义政策，试图以贫富差距和城乡差距为代价实现跨越性的发展。这些国家开始发展也很快，但是后来都陷入了中等收入陷阱，这些国家人均 GDP 达到 3000 美元左右的时候，处于长期停滞状态。而东亚增长模式，比如说日本、韩国、中国台湾在快速增长的时候，分配相对比较平均。

在亚洲的儒家文化圈，一般比较崇尚均贫富的理念，在增长过程中收入差距相对较小。亚洲收入差距比较大的国家和地区有两种类型，一种类型是新加坡和中国香港，政府采取高薪养廉的政策，形成两套工资制度，国家财政供养的人员，普遍采取高薪养廉，公务员、教授工资都非常高。在香港，一个教授差不多是台湾一个教授每月工资的四倍，香港的一个教授一个月可以拿到 14 万 ~16 万元港币，台湾的一个教授一个月才拿 12 万元新台币，差距非常大。公务员也是一样，在香港，一个司局级别的公务员可以拿到每个月 30 万元港币的收入。但市场工资是另一套制度，香港新毕业的大学生月薪平均也只有 8000~10000 元港币。

另一种类型是中国和印度，收入差距较大的主要原因是城乡和区域差距大。我国城镇居民收入是农村居民收入的三倍，农民收入低与我国人多地少的基本国情有关，主要原因是耕地面积少。欧洲的农民绝大多数都是中等收入阶层，平均每个农户有 30~40 公顷土地，都成了 farmers，也就是农场主。我国多数农民还是 peasants，是小农，全国农村户均土地只有 0.5 公顷，种什么东西都很难达到中等收入的水平，所以必须有非农收入，全国农民完全靠耕种土地没有办法普遍富裕起来。

在这种情况下就出现了经济结构和社会结构的背离，我的老所长陆学艺教授认为社会结构比经济结构的发展滞后了 15 年。比如说现在全国经济结构中农业产出的增加值占整个 GDP 的比重是 10%，沿海发达省份这个比重就更低。按照 10% 的农业增加值比重，通常劳动力结构中农业劳动力比重应该只有 20% 多，但是全国现在还有 37%，再加上农村生的孩子多，所以农村的居民占全国人口的比重就高达近 50%（见图 5）。

这么多的农村居民分享 GDP 蛋糕的 10%，怎么能富裕起来？所以现在要以工补农，但是光靠补贴还是不行。搞农业的规模化经营，把这些土地集中在少数人手里，只能解决少数人的问题，剩下的人干什么？恐怕兼业是一条可选择的道路，兼业也得有业可兼，增加农民的

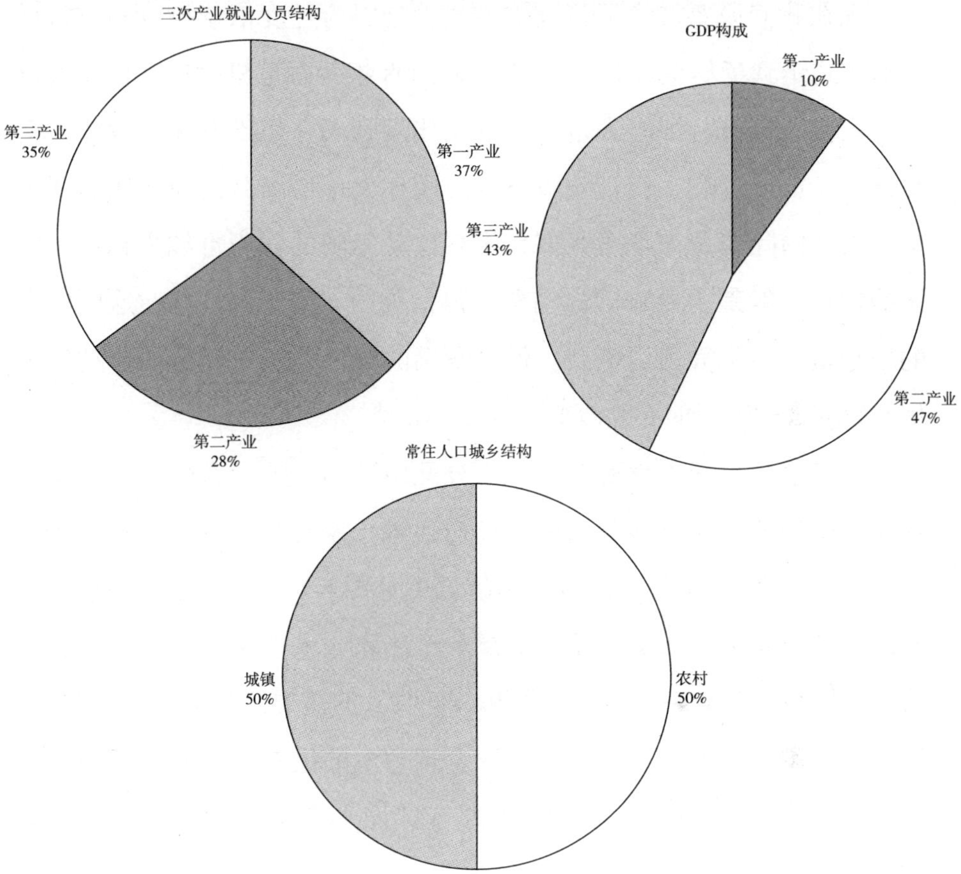

图 5　产业结构、就业结构和城镇化水平（2011）

非农收入和财产性收入恐怕是改变他们生活水平的唯一渠道。

现在发生了一些可喜的转折，改革开放以来农民收入的增长速度多数年份是低于城镇，但是近来农民收入增长连续三年超过城镇居民。农产品价格是一柄双刃剑，价格高了可以增加农民的收入，但又会增加城市居民的生活成本。从区域来看，2012 年城镇居民收入增长，辽宁、内蒙古、陕西增长的速度排在全国前三位，而北京、上海、广东排在全国末三位。区域格局也在发生转折性变化。

现在我们说要转变经济发展方式，是因为过度依赖投资和出口增长的方式走到了尽头。我们不能再像2008年金融危机时期那样靠大量投入去刺激经济，那时大量投资的副作用到现在还没有完全消化，重复建设、产能过剩、投资效益下降、库存大量增加，到现在还需要消化。由于国际消费市场不景气，出口拉动经济的作用也越来越弱。大国的增长一般都主要靠国内消费，包括美国、德国、日本，这些国家的增长基本上都靠国内消费。但是我国的国内消费对经济的拉动作用依然较弱，这种局面必须改变。

改变这个局面，就要改变收入分配的格局。因为家庭消费有一个规律，就是消费比例随收入的增加而递减，家庭收入越低，其消费率越高，家庭收入越高，其消费率越低（见图6）。这里的消费率是指家庭消费占家庭收入的比重。如果一个国家收入差距太大，在消费上就会造成高收入的有钱但消费饱和，低收入的需要消费但是囊中羞涩。所以为了增加国内消费，就要采取合理合法的措施实施收入分配的转移支付，这是现代国家通常的做法，包括税收政策、财政政策、社会

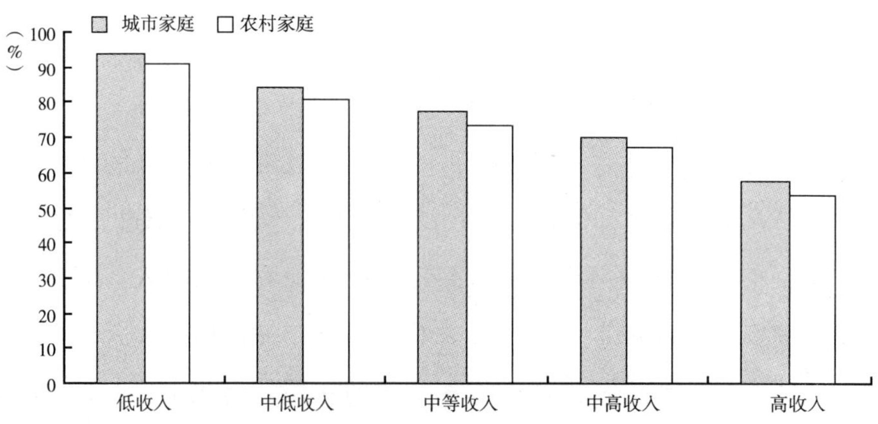

图6　家庭消费率随收入增加递减（2008）

保障政策、福利政策、慈善事业政策等等。

我国改革开放以来消费跨越了三个阶段。第一个阶段是普遍解决温饱基本需求，食品、服装等相关产业当时快速发展。第二阶段用了约 10 年的时间，各种家电和生活耐用品进入千家万户。现在是第三个阶段，即汽车、住房等大额消费、信贷消费以及信息、旅游、休闲等新兴消费阶段。这意味着大众消费阶段的到来，普通家庭拥有汽车和住房，这在 20 年前还是很难想象的。

但是，当前国内消费的总体情况仍差强人意，难以成为拉动经济的主要力量。从最终消费率来看，2000~2011 年，我国消费率（消费总额占 GDP 比重）从 62.3% 下降到 49.1%，其中居民消费率从 46.4% 下降到 35.4%，和世界发达国家相比，甚至与发展中国家相比，我们都是非常低的。现在全世界消费率平均水平在 70% 以上。美国 3 亿多人一年消费 10 万多亿美元商品，我们将近 14 亿人，是美国人口的数倍，我们一年消费 2 万多亿美元的商品。按消费市场比，我们现在大概是美国市场消费份额的 20%。

我国的消费率为什么会这么低呢？消费首先和收入有关，但是国外的学者认为，中国现在也不缺钱，也不是一个穷国的问题，因为我国有 3 万多亿美元的外汇储备。外汇不能在国内买东西，只能到国外去买东西，而一般消费品都是我们生产了卖给人家。我们需要买的主要是矿产、石油、原材料等等。我们现在尝试着用这些钱直接投资，到国外去买矿山、港口、企业等等，但是这一块我们还没有经验，我们把它叫作战略性投资，这些投资是有风险的。为了巨额外汇的保值增值，安全的办法是到国际金融市场去买政府担保的长期债券，过去说鸡蛋不要放在一个篮子里，要分散风险，买不同币种的债券，但是现在欧元的前景堪忧，日元也在贬值，所以我们绝大多数外汇储备都是以美元的长期债券形式存在的。在这种情况下，美国拼命压人民币升值，近年来人民币一直在升值，但是离美国的要求还很远，它要求人民币一次性升值 50%，如果中国人民币升值 50%，那现在一般的劳动密集型出口企业会全部垮掉。美国搞所谓量化宽松政策，实际就是印钞票，美元是国际货币，它可以输出通胀，美元印多了，人民币兑美元就会继续升值。

从国内来看，政府的收入和居民的收入近年来也都在快速增长。1994 年至 2011 年，税收总量从 5000 多亿元增长到 8.9 万亿元，年均增长 18% 以上。这还只是税收，如果是整个财政，加上土地出让金，政府的可支配资金每年以 20% 以上的速度在增长，已经连续数年了。当然 1994 年实行分税制以后，财政也有逐级弱化的问题，基层的财政相对紧张，大概有三分之二的乡镇出现负债运行，这也是一些地方干群关系紧张的一个原因。比如一些农业县，取消农业税后收入很少，通常要靠财政转移支付吃饭，大量存在的财政供养的编外人员有时发工资都有问题。在这种情况下就会设置各种名目去收费，就要打拆迁和卖地的主意，干群关系能不紧张？

除了财政收入，老百姓手里现在也不是没有钱。1994 年至 2011 年，居民储蓄存款余额从 2 万多亿元增长到 35.4 万亿元，平均增长 18% 以上，相当于当年 GDP 的 75%。但是它的增长速度比 GDP 快得多，所以用不到几年，全国居民的储蓄余额会大于我们当年的 GDP。

我们也希望通过一些政策鼓励居民消费，拉动经济增长。比如实行低利率政策，让你感觉到银行的利率要低于居民消费价格指数（CPI），让你感觉到储蓄不能保值增值，你要注重即时消费。但是从实践来看，利率再低，老百姓也不花。

为什么不花呢？各大银行进行的居民储蓄目的调查显示，排在前四位的是子女教育、看病、买房、养老，老百姓不是不花，是不敢花，因为他们要防范未来生活的风险。虽然现在生活水平提高了，家庭资产在增长，但是未来的家庭生活风险反而变得更大了。过去虽然生活水平低，但是预期还比较明确。像我们这种家庭，以前送孩子去上大学，一年 6000 块钱的学费加上生活费，四年给他存五六万元就够了。现在只有一个孩子，没考上大学或者没考上好大学，别人家的孩子出国学习了，你的孩子也非要出去，只有一个孩子，咬咬牙让他出去了。一出去花费就不得了，去美国上大学一般一年的学费要 20 多万元人民币，加上十几万元的生活费，这四年下来至少要 150 万元。买房更不用说了，过去几千块钱一平方米，现在刚毕业的大学生在北京一年的工资还不一定能买到好地段住房的一平方米。所以，刺激消费首先要稳定生活，搞好社会保障，让群众没有后顾之忧。消费对富裕的人也许是文化问题，对大众来说还是制度问题（见图 7）。

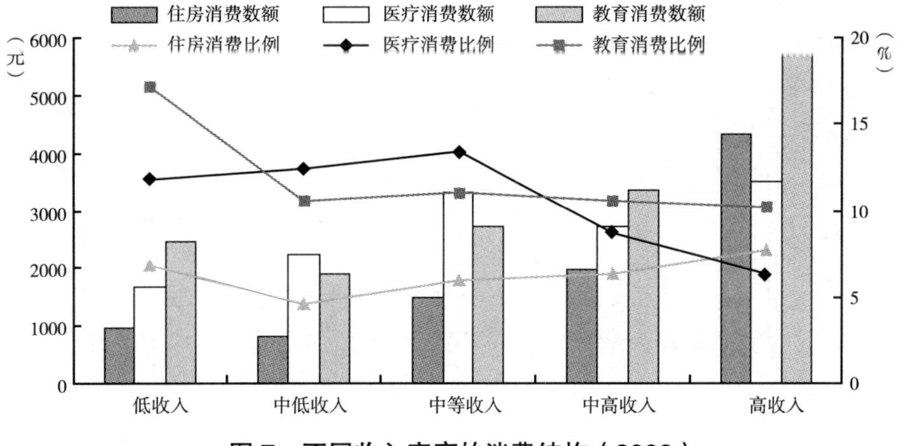

图 7　不同收入家庭的消费结构（2008）

按照我们的调查，对消费影响最大的就是子女教育、看病和住房。现在要刺激居民消费，除了调整收入分配以外，还需要扩大社会保障的覆盖面，搞好公共服务的均等化，解决好中低收入家庭的基本住房问题，从而稳定老百姓未来的消费预期。未来的消费预期稳定了，才能够计算现在可以花多少钱。

全面实现小康社会目标，还要进一步减少贫困。按照过去比较低的贫困标准，全国农村贫困人口只有 2000 多万人。但是近年来我国大幅度提高了扶贫标准，2011 年贫困标准提高到 2300 块钱的时候，全国达到了近 1.2 亿人（见图 8）。2012 年我国贫困人口又减少了 2000 多万人，现在全国扶贫对象是 9000 多万人。现在的 2300 块钱这个标准，已经大体相当于国际贫困标准的中线，即每人每天收入按购买力平价计算的 2 美元，人民币兑美元按汇率计算大体是 6∶1 多，按购买力平价计算大概是 3 元人民币就相当于 1 国际美元，所以 2300 块钱已经达到了国际贫困线的中等水平。按照国际减贫经验，贫困人口比例下降到 10% 以后，将遇到减贫的门槛，我们现在也处在这样一个门槛。过去我

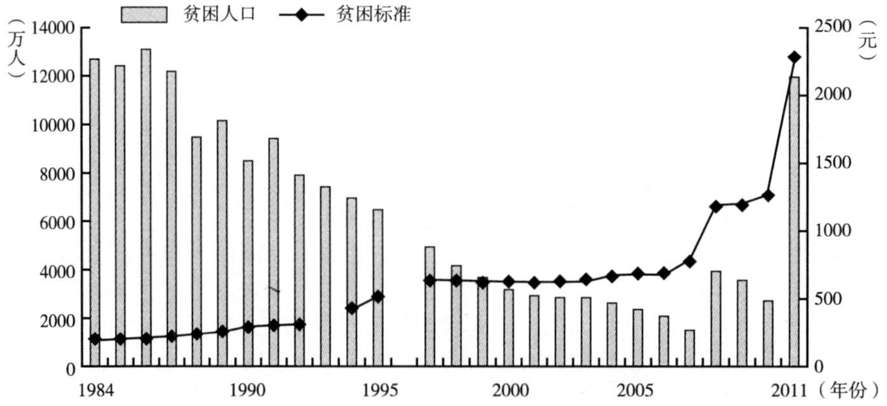

图 8　1984~2011 年中国贫困人口和贫困标准的变化

们的八七扶贫计划，就是在七年当中每年减贫 8000 多万贫困人口，现在需要新的计划，在到 2020 年的 8 年当中把 9000 多万扶贫人口尽量减少。

当然，现在收入分配最大的问题是如何建立一个公平合理的收入分配秩序。在收入分配问题上，老百姓反映比较强烈的，我觉得还不是平均不平均的问题，而是公正不公正的问题。我们国家的分配制度，是按劳分配为主、多种要素参与的分配体制，除了劳动以外，资本、技术、知识、管理等要素也要参与分配。而且每个人的工作能力、努力程度、禀赋以及对机会的把握和工作业绩也都是有差异的，所以分配的结果不可能是完全平均的。关键就是要建立一个公平合理的秩序，让大家认为这是在一个公平竞争条件下的结果。比如说美国一个学者专门做了调查，他研究对比香港和北京，他发现北京和香港客观的收入差距不大，但是按主观上对分配制度不满意的程度，北京人比香港人要高得多。但是这种不满情绪的出现，也是因为我们体制上确实存在问题。根据一项国际调查的结果，如果主观上把社会分为上层、中上层、中层、中下层、下层，让民众选择，无论是收入差距大的巴西、美国，还是收入差距稍微小一点的日本、法国，民众中认为自己属于中层的都在 60% 左右。但是现在中国的情况发生了非常大的变化，全世界很少有国家像我们国家一样，2011 年认为自己属于中层的只有 44%，但是认为自己属于中下层和下层的接近 50%。不光是低收入群体不满意，现在干部群体中也存在对收入分配的强烈不满。

现在最难办的就是公务员的工资制度，因为公务员的工资制度，在其他国家都是一个制度，你是哪一个等级的人员，就是什么工资，不管你在哪里工作都一样，我们在“文化大革命”之前也是这样。但是改革开放以后出现了地区差异，特别是 1994 年以后实行了分税制，公务员的工资都和地方财政挂钩，地方财政的差距很大，那就有高有低了，所以全国就出现了公务员千差万别的工资制度，差异也比较大。虽然近两年进行了调整，但是我估计同一级别在不同地区最高与最低还能有 4 倍的差距。比如说一个处级干部，现在深圳大概是月薪 12000 元，已经很多年没有涨了，但是在宁夏的农村基层，月薪只有 3000~4000 元。但是现在怎么办呢？总不能把高的拉下来，不继续涨他就有一肚子意见了，低的要提到那么高的水平，哪里来钱呢？不能靠转移支付涨工资吧！还有干部工资都提上去，当地居民收入上不去，老百姓怎么看，所以调整起来也很棘手。但是问题解决不了就出现谁都不满。

在印度的调查中，虽然印度贫富差距很大，他们也有约 60% 的人认为自己属于中层，有些住在贫民窟的人还认为自己属于中层。但是我们的情况完全不一样。现在中央正在研究如何调整收入分配，但是从研究的角度来看，不能够完全把焦点转移到调整结果上，这个结果调整肯定要经过非常漫长的过程，随着经济发展水平的提高，才能够逐步地平均化。重要的是要建立一个公平合理的秩序，让大家知道这个秩序是按什么规则制定出来的，你不能对这个差别没有一个解释。有一次在北京开高层研讨会，请一些基层干部做代表，河北省的一个县长说：我们县和北京的县都是差不多的结构，中间就隔一条河，在历史上历朝历代两个县官员的俸禄都是一样的，现在北京市的县长的工资都比我的工资高了一倍，我们都是在共产党的领导下，这到底是河界还是国界？

小平同志说收入分配问题大得很，中国发展起来以后所遇到的问题不比不发展的时候少，但这个问题解决不好要出大问题。关键还是要建立起一整套公平合理的、能够得到绝大多数人认同的收入分配制度。

四　关于全面建成小康社会的医疗健康目标

党的十八大提出了到2020年的一系列医疗健康目标，最重要的就是要健全全民医保体系。根据调查，健全医疗保障体系是提高群众满意度的一个非常重要和显著的指标。但建立医疗保障是需要花很多钱的，所以也要尽力而为，量力而行。强调民生也不能无限度地花钱，还得量入为出，如果我们国家在现在的发展阶段，就像欧洲一些国家那样大量举债搞福利的话，未来财政一旦停止增长，那社会稳定要受到严重挑战。

在医疗健康领域，比较难的一项任务是深化公立医院改革。现在在全国的调查中，“看病难、看病贵”被老百姓排在各种重大社会问题的第二位（见图9）。所以你会看到，我们国家精英的看法和民众的看法有时候差异很大。网上的看法是被意见领袖所引导，意见领袖都是一些精英，所以讨论的问题都是腐败、收入分配等等。但是民众是从生活出发，他们觉得那些问题和他们离得很远，物价、看病成了大问题。

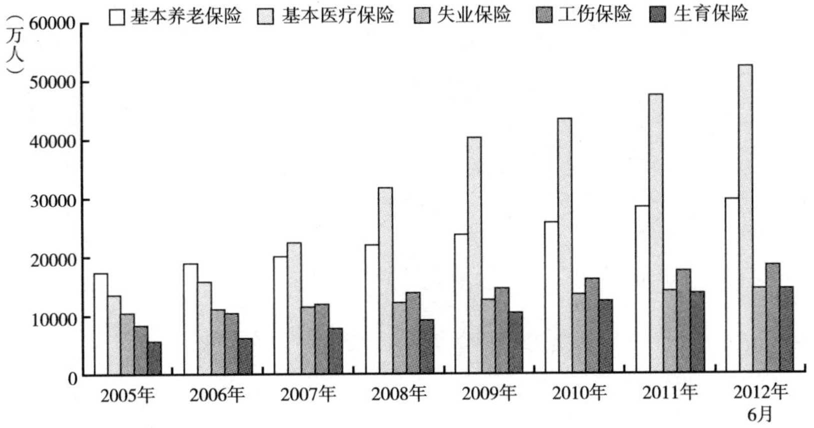

图9　2005年至2012年6月城乡基本医疗保障覆盖面变化趋势

群众对医疗问题的不满也很耐人寻味，本来近若干年我国的医疗保障在所有的社会保障中是发展最快的，而且使老百姓受益最多，结果老百姓还有那么大的意见。问题究竟在哪里？我们对全国社会状况抽样调查数据的分析发现，现在在居民的消费当中，自己花钱看病的费用比重并没有降下来，大概占城乡居民消费总支出的 10%（见图 10），这个比例在国际比较中比较高。因为医疗支出不同于食品支出，食品是每家都要消费的，医疗方面没有病人的家庭不用支出，所以平均 10% 的话，有病人的家庭，特别是有重症病人而且需要自己花钱看病的家庭，支出就远不是 10% 了。现在在贫困原因的分析中可以看到，因病致贫成为贫困产生的一个重要原因。

医疗、教育成为食品之外的两大生活负担，这和医院不断攀升的医疗看病费用有关。我们现在制度上做到了基本医疗保障覆盖城乡全

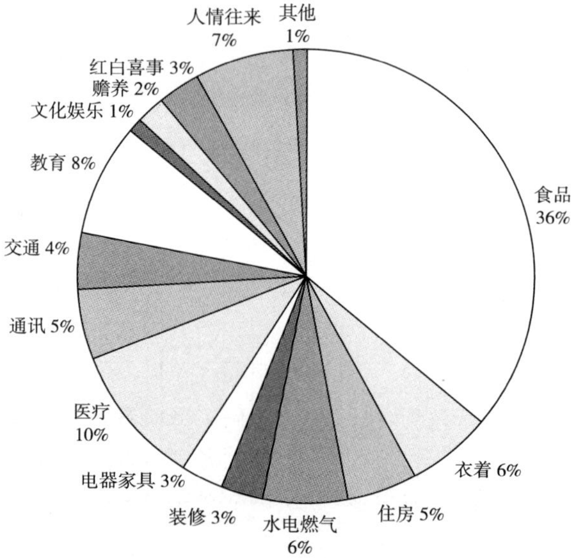

图 10　城乡居民家庭消费支出结构（2011）

体居民，这是一个了不起的成就。但这叫“制度全覆盖”，就是用有差别的公费医疗制度、医疗保险制度、城镇居民医疗保险制度、新型农村合作医疗制度这四种制度覆盖全民。但是制度全覆盖不是全报销，公费医疗制度和医疗保险制度平均报销 75% 左右，城镇居民医疗保险大概平均报销 50%，新型农村合作医疗全国平均还只能报销 30% 多。

但是群众看病费用过高的问题，在一定程度上与目前公立医院的体制有关。医院在我们国家属于事业单位，包括教育、医疗、文化团体、研究机构都属于事业单位，改革开放以后，我国事业单位实行的一项重要改革，就是引入市场竞争机制，允许事业单位通过“创收”来弥补财政预算费用的不足。在这种政策下，全国事业单位大体分成四种体制，即全额拨款体制、差额拨款体制、自收自支体制和事业单位企业化管理体制。大学、医院等都变成差额拨款体制，但医院的差额比例比大学高得多，可能是所有差额拨款单位中差额比例最高的。从全国公立医院收入构成来看，药品收入占 40% 多，医疗服务收入占 45% 以上，国家的拨款不到 10%（见图 11）。中央的医院和省里的医院，

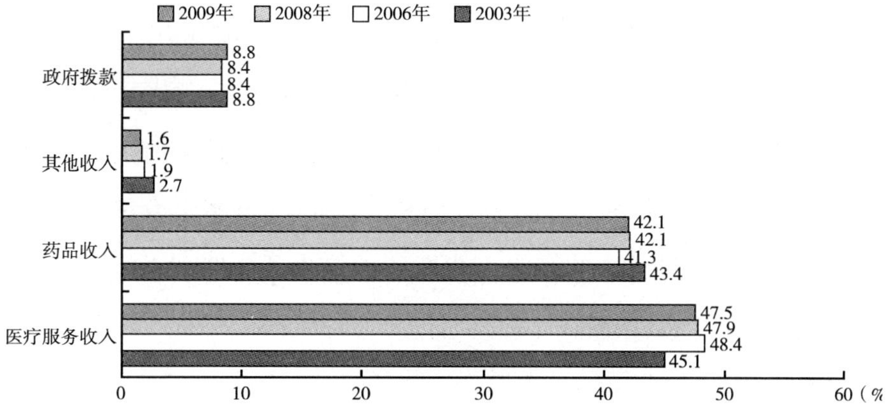

图 11　我国公立医院收入来源构成（2003~2009）

还有大量的公费医疗和医疗保险的客户保障其基本收入来源，但是在基层医院，比如县医院、困难地区的医院，收入很不稳定，难有保障。所以基层的医院通常都把创收的任务分解给医生和病房，这样医疗行为有时就会发生扭曲。你到基层看病，会首先问你是自费的还是公费的，自费的还怜悯你一点，公费的就各种检查先做一遍，大剂量地开药，甚至每一张病床都有创收指标，一住院24小时的吊瓶都要挂着。

药价也在不断攀升，怎么管理呢？我们也加强宏观调控，如向全国公布基本用药的限价名单，到现在已经连续公布了二十几次，公布了几百种，但很难管住涨价。因为这种药品一旦进入限价名单，药厂就不愿生产了，药厂都是企业，也要赚钱，价格太低了当然就不生产了。于是这种药品就被更名后重新注册，换一个名字和包装，成了一种新药。现在有一种奇怪的现象，一种化学成分的药有几个名字。很多发达国家一年就上市8~10种新药，我国2005年一年上市了上万种新药。药品流通的中间环节也太多，批发、零售、药品代理、采购回扣、医生提成等等，一种药品从出厂价到老百姓消费价上涨十几倍，所以老百姓的意见很大。过分用药怎么控制呢？现在实行公立医院药品零加价制度，但医院因此减少的收入，如果财政不能全补，恐怕又要转嫁到医疗服务费用中，还是没有从根本上解决这个问题。

公立医院改革不是单纯的医院问题，是整个事业单位的体制问题。怎么才能创造一种医院体制，这个体制能够满足服务群众的需求，又能够满足医院自身发展的需要。我们还不能走回头路，不能再走完全由国家财政包下来的路。

现在事业单位改革的基本思路是分类改革。事业单位改革和国有企业改革不同，国有企业改革是按照一个方向，把企业都改造成市场竞争主体。事业单位改革是把全国130多万个事业单位大体分成三大类。

一是经营类，就是有经营能力的要逐步转变成企业法人。比如，到去年年底全国的出版社都已经转成企业，国家给五年的免税优惠。如果这条路走得通，会进一步延伸到大众传媒其他方面。现在学界还在研究，是否可以给它们一个特殊的企业法人单位称呼，比如“社会企业法人”，因为这些部门和行业还承担着精神文明建设等社会责任，不能完全以赚钱为目标，因为有这种责任税收上是否可以减少一定比例。

二是行政管理类，就是承担着一定政府服务和监管职能。现在政府公务员的编制很严，用了大量事业编制来执行政府的职能。事业编制有时候就是差额拨款，它的一部分经费要靠服务和监管收费来补充，但管理人员的收入一旦与服务和监管收费挂起钩来，就会出现一系列老百姓诟病的影响政府形象的问题。比如说质量检查，多给他一些钱，他就会放松标准，因为有利益的驱动。这些行政管理类机构，恐怕以后要么改为参照公务员体制执行，要么把职能下放给由政府监管的社会组织，要切断这些部门职工收入与服务监管收费的利益链条。

三是公益类，占绝大多数，大概75%都是公益类。大学、医院等国际上所说的NPO，也就是非营利组织，都属于这一类。公益类也要进一步分成公益一类和公益二类，在财务和运行机制上有更细致严格的规定。

事业单位改革比国有企业改革更加复杂，任务更加艰巨。事业单位绝大多数属于第三产业，我国第三产业增加值占GDP的比重在2013年首次超过第二产业，但第三产业的经济效益仍低于第二产业，必须通过改革运行机制，形成竞争局面，降低服务成本，提高经济效益和社会效益。

五　关于全面建成小康社会的社会保障目标

关于全面建成小康社会的社会保障目标，就是完善基本养老、基本医疗和最低生活保障覆盖全民的社会保障体系，坚持全覆盖、保基本、多层次、可持续的方针。

未来有两项大的改革，一是整合城乡居民基本养老保险和基本医疗保障，二是完善企事业单位的社会保险制度。第一项改革各地实际上都已经在做，就是要把城镇居民基本养老和农村居民基本养老两个制度合并起来，统一成一个制度。这两个制度目前在融资渠道、体制设计等方面基本上是一样的，无非就是标准有差异，这两个制度合并起来不是一件难事。比较难的是第二项改革，就是完善企事业单位的社会保险制度。我们的事业单位，绝大多数还是公费医疗和单位养老，现在按照法律规定，以后都要参加医疗保险和养老保险，但是这项改革涉及利益调整，在推行上是会有阻力的。因为参加养老保险以后，计算退休金的方式不同了，原来都是按照工龄和职级，你可以拿原工资的85%、90%，甚至可以拿100%。参加养老保险以后是按照你的缴费年限、缴费水平和社会平均工资等来计算，如果社会平均工资低，养老金水平就有可能降低。从长远来看，事业单位统一参加社会保险是为了保险金的安全，因为现在保险金不能总是靠财政去补贴，要靠社会保险的收支来平衡。现在的问题是，在养老保险金方面，可能缴费的人所占比例越来越小，享受养老保障的人所占比例越来越大，这样未来要么延长退休年龄，要么提高缴费标准，要么通过国有资产的变现和收益来补充。

尽管我们一直强调搞好民生，提高老百姓的福利水平，但是我并不主张过高地提高福利，因为福利一旦上去就下不来了，它和经济的发展规律是完全不一样的。经济是周期性波动，不要以为政府的财政收入会长期保持年均 20%、30% 的增长速度，这肯定是一个短期现象。但是福利一旦上去以后，永远下不来，你想把别人高水平的福利给降下来，弄不好会造成民怨和冲突。所以在这个问题上，一定要保持清醒的头脑。看看欧洲的例子，希腊国家都要破产了，说要压缩财政预算，降低福利，民众就上街游行。广覆盖是对的，但是要保基本，让大家感觉福利不断增长，但别一下子涨高了，以后没钱了再降下来，这就不行。

人口的变动对养老保障的压力非常大。我国 20 世纪 70 年代初提出计划生育政策，80 年代初开始实行比较严格的城镇居民独生子女政策，一直到 1990 年第四次人口普查时，全国人口还是一个金字塔形，还是越年轻的人比例越高。到 2010 年第六次人口普查时，仅仅 20 年的时间，人口结构一下就变成了陀螺型，劳动年龄人口比较多。改革开放几十年正好赶上陀螺型的人口红利时代，就是说老人小孩比例开始减少，劳动年龄人口比重增加，所以有充分的劳动力供给，才有可能使劳动力成本比较低，我们劳动密集型的产业才有竞争力，才能成为世界工厂。本来以为人口红利时代可以持续至少半个世纪，没有想到它会变化这么快。特别是第六次人口普查数据显示，老龄化的速度比我们过去的预期提前了。按照第六次人口普查数据推算，再过不到 20 年，到 2030 年的时候，整个金字塔结构似乎要倒转过来，老龄人口比例大幅度增长。老龄化过去我们总觉得还是很遥远的事情，但是现在这个问题已经变得非常紧迫了，对我们今后的经济社会发展会产生非常大的影响（见图 12）。

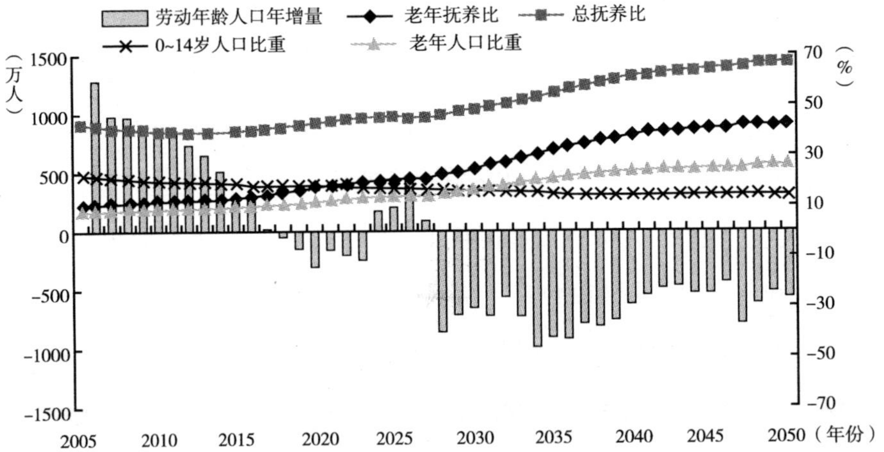

图 12　2005~2050 年我国人口结构变化趋势

随着人口结构的变化，城市家庭结构也在倒转。我们这些人的孩子都是独生子女，独生子女和独生子女结婚，你就是上面的四个爸爸妈妈之一，等他的孩子如果再和一个独生子女结婚的话，他上面就有八个爷爷奶奶。过去千百年来中国多数老人是靠家庭养老，那时是金字塔式的大家庭，年轻人多，多数人养少数人。现在的家庭结构，也难以维系家庭代际养老的机制。所以国家必须有一个社会机制来解决养老的问题，养老花钱是很多的。现在按照国家的补贴，超过 60 岁的农民一年补贴 600 块钱，一个月 55 块钱，虽然钱很少，但是农民还有土地，还能满足最基本的生活需求。随着国家的发展和财力的增长，标准还可以一块钱一块钱往上涨，这个制度已经建立起来了。

到 2012 年人口结构已经开始出现转折点，就是劳动年龄人口占总人口的比例第一次出现了下降，老年人口加上小孩在整个人口比例中开始出现增加，这也是这次经济增长下行，却没有出现这么多失业的原因。这意味着一旦我们经济反弹，重新增长，劳动力的短缺会成为一个非常大的问题，所以善待农民工也是为了我们更好地保持经济的持续增长。

六　社会管理与社区建设

我国的社会管理体制过去是以单位管理为主，街—居管理为辅。在近代历史上，我国人口众多，却一再遭受列强蹂躏和历经战乱，国家积贫积弱的根源之一，就是社会的一盘散沙。所以，新中国成立后的首要任务，就是"组织起来"。毛泽东同志1949年9月30日在中国人民政治协商会议闭幕式上号召：全国同胞们，我们应当进一步组织起来，我们应当将全中国绝大多数人组织在政治、军事、经济、文化及其他各种组织里，克服旧中国散漫无组织的状态。按照这样一种思路，新中国成立后，我国在计划经济体制下把所有的人都组织在一定的单位中，建立起高度集中的、政府包管一切的社会管理体制。

国家机关、企事业单位、人民公社都是一个个大而全、小而全的单位，几乎所有的社会事务都是由单位内部来解决。这种在计划经济体制下形成的政府全能的社会管理体制，改变了旧中国社会一盘散沙的状态，建立起高度统一的社会秩序，极大地增强了国家对社会的组织动员能力和控制能力，为我国在非常薄弱的经济基础上调动一切资源完成工业化体系建设，发挥了积极的作用。然而，这种社会管理体制也存在固有的弊病，所有社会成员都被管理在一个个相对封闭的单位中，阻碍了正常的社会流动，使社会缺乏活力和创造力。

改革开放以后发生了变化，从国有企业改革开始就要解决"企业办社会"的问题，要求把各种社会事务分离出去，实行住房自有化、社会保障社会化和后勤服务市场化。这样一来提高了工作效率，但是产生了新的问题。在基层发生的问题，基层解决不了。单位不负责解决这些问题了，社会本身也未建立解决这些问题的替代机制。信访部门在20世纪50年代初期就成立了，但是直到改革开放，大家都没有听说过什么是“上访”，近一二十年来才成为一个家喻户晓的词。

在座的各位多数还都在单位体制里生活，这些单位还肩负着献血、计划生育、卫生防疫、安全防火，甚至种树、社会捐助等诸多社会任务。过去完成这些社会任务，都是通过单位动员机制，一个红头文件下去以后，各个单位去落实，一两天就完成了，我们也觉得很有效。但是现在这种做法越来越不灵了。按照我们的测算，在单位体制里的从业人员，也就是接受红头文件指令的“单位人”，大概已经只占全国城镇从业人员的25%，多数从业人员是单位体制之外的“社会人”。所以我们必须创造一种新的机制，把基层的问题在基层解决。

现在基层解决不了的问题就去找政府，一个县政府管几十万人，所有的问题都要找政府，政府怎么管得了？基层政府管不了，打官司成本又太高，于是“上访”盛行，一级一级告到中央，北京的压力很大。北京周边出现了很多上访村，一个村里面几万人，人多了形成上访市场，领导人的电话号码、行走路线、家庭住址，先告哪里再告哪里，都是市场化一条龙服务。各地派了大量的人到北京截访，因为“上访”出事要一票否决。北京每年开两会，有的省要派几千人去北京截访，所以成本非常高。重要活动期间，全国的信访干部要陪着老上访户喝茶、吃饭、旅游。

“上访”毕竟是老百姓反映诉求的一个渠道，还是要完善。但要改变信访不信法的局面。现在法院判了，他还要上访，他不信法，认为法院不公正，他觉得政府权威比法大。要增强法律的权威，增强法院和检察院的权威，首先要解决司法公正的问题，让公平正义体现在每一个案件中。

根据我们的调查，民众认为，就民众生活的制度化支持力量来说，现在排在第一位的是社区组织。社区组织对群众生活的支持和帮助，已经超过了工作单位。什么是城市社区？社区是一个有互相联系网络的共同生活区域，也可以叫生活共同体，国外往往和教区联系起来，因为大家经常在一块上教堂，然后形成了互相帮助的网络。我国多数社区还是以行政区划为基础，是居委会的管辖范围。城镇居委会在法律上属于居民自治组织。

加强社区建设就要把社区工作专门化。过去社区工作是由退休的居民兼职做的，现在要招聘专职的年轻人，把社区服务和管理当作一项专门的工作。要吸引有知识的年轻人到基层工作，也要提高这些人的待遇，让这份工作有一定的吸引力。现在的问题是，这些社区管理人员没有身份，既不属于干部，也不属于事业单位编制人员，你总得给人家一个明确的社会身份，使他们有发展的预期。特别是干部选拔，要注重从基层有经验的优秀青年中直接选拔。现在公务员考试是百万人过独木桥，也是百里挑一、千里挑一。但青年干部，特别是中央国家机关的青年干部普遍缺乏对基层生活的了解，难免有脱离群众的隐患。要建立一种机制鼓励年轻人到基层去，到社区去，凭自己的本事闯出一片天地、成就一番事业。

除了专门化，还在推行社会工作、社区工作的专业化。所谓专业化，就是要有这方面的专业知识。改革开放以后实行市场经济，干部都需要懂得经济，我们培养了大量的经济干部，现在情况发生了变化，需要造就宏大的社会工作人才队伍。搞市场经济很重要的是解决政府和市场关系，搞社会建设，要解决好政府、市场和社会三者之间的关系，要更好地发挥各种社会力量在社会建设中的作用，包括社会组织、社区组织、工青妇、行业协会等等。政府要把社会建设摆在更加重要的位置，企业也要注重社区建设的社会责任。

从 20 世纪 90 年代初到现在，由于城镇化的村改居、撤乡建镇、撤村并村，全国行政村从 100 多万个减少到 59 万多个，城市居委会也从 10 万多个减少到约 8 万个，很多地方把几个居民委员会合并成一个社区委员会，在北京一个居委会要管上万人。社区工作是“上面千条线，下面一根针”，确实很不容易。能够管理好上万人社区的干部，未来也能管理好我们的国家，要有一种机制激励优秀的年轻人到基层社区去工作，通过社区建设逐步做到能够把各种日常问题解决在基层。

七　价值观念、网络舆论与社会心态

我们现在强调要把群众满意不满意作为衡量各项工作的标准，但是也要注意，人们社会心态的变化有它自身的规律。比如幸福感、满意度这样一些主观指标，其变化的规律与 GDP、收入的变化是不一样的。幸福感与人们的收入水平甚至生活水平并不完全成正比，比如我国的多项调查显示，农民的幸福感高于城市居民。满意度的变化也是围绕一条中轴线波动起伏的，而不是不断提高的。我们很多地方的领导都要求群众满意度不断提高，但事实上这是不可能的，强令要求这样，就会逼得下面弄虚作假。

十几年来的调查表明，这种主观指标肯定是波动起伏的（见图 13），

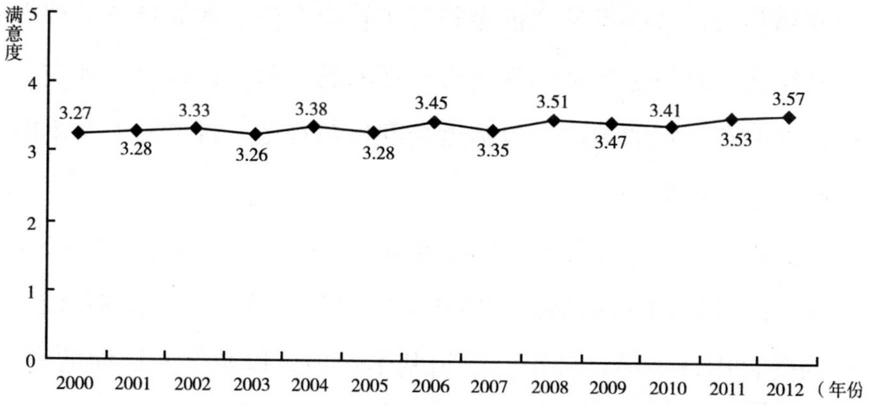

图 13　2000~2012 年中国城镇居民总体生活满意度的变化

不像 GDP、收入直线上升。一些地方政府希望这些指标是不断上升的，今年的群众满意度是 82%，明年就要求 85%，下一届领导上来以后，肯定要比这个高，不能比这个再降低，但是客观上没有这种规律，不可能是这样的。主观指标的基本公式，如幸福感，它是群众追求幸福的期望除以实现幸福的能力，政府促进就业、扩大社会保障、改善民生，这些都是帮助群众提高实现幸福的能力，但是群众对幸福的期望值和要求，也会随着生活水平、教育水平的提高，随着社会更加开放和比较范围的扩展，而不断提高。如果期望值过高，尽管生活在改善，也会出现所谓“端起碗吃肉，放下筷子骂娘”的现象。

我们要理解社会心态，懂得社会心态的变化规律，不能说大话、空许愿，人为地推高期望值。还要认识到，城乡居民的看法和网民的看法并不一样，城乡居民与网民的人群结构和特征有很大差异。我们专门对网民和居民的调查进行了比较，发现差距非常大。比如关于社会问题，城乡居民认为最重要的是物价，网民认为是反腐。网民的看法有时候受意见领袖的引领，全国几百个网络意见领袖在网络舆论形成中作用很大，这些意见领袖多数属于社会名流、各界精英。现在看来，光靠法律恐怕也很难解决网络秩序问题，但虚拟社会与现实社会一样，总要有一定的规范，包括道德和价值规范，再牛的人也不能冲破这些规范的底线。

我们现在提出了社会主义核心价值观，我觉得这就是标准和底线。“三个倡导”包括了国家层面的富强、民主、文明、和谐基本价值，社会层面的自由、平等、公正、法治基本价值，以及个人层面的爱国、敬业、诚信、友善基本价值。

在我国当前的大变革、大发展、大转型过程中，价值观也是在深刻变化的。一个国家、一个民族如果没有一个核心价值观作为行为、精神支撑，是非常危险的。但价值观不是写在书面上就会发生作用，要深入人心、融入传统、形成共识，给社会一个判断是非曲直的标准。

今天利用这个时间给大家汇报了我们近期的研究成果、在研究中遇到的一些问题，以及我们提出的一些初步可能解决这些问题的办法。经过 30 多年的改革开放，在经济领域和促进发展方面，我们基本找到了规律，而且基本有了一套成熟的做法。但是在社会领域，我们在很多方面是滞后于经济发展的，还在探索。希望大家共同努力，使中国的经济社会发展更加可持续，能够如期实现现代化目标和民族复兴的中国梦。

谢谢大家。

纪志宏简介

纪志宏 现为中国人民银行金融市场司司长，演讲时任中国人民银行研究局局长。

先后毕业于中国人民大学、中国人民银行研究生部和中国社会科学院研究生院，分别获得学士、硕士和博士学位。

1995 年进入中国人民银行，长期从事宏观经济形势分析与政策研究工作，在货币政策、金融调控、财政税收等领域，具有扎实的理论基础和丰富的实践经验。

在《经济研究》和《世界经济》等权威期刊上发表多篇学术论文，具有较大的学术影响。

深化区域金融改革探索金融服务实体经济新途径

纪志宏　　2013年4月19日

大家下午好，各位领导、各位同人，非常高兴也很荣幸有机会到泉州这一历史文化名城和经济比较发达的城市，跟大家共同探讨金融改革的有关问题。

一　正确理解“金融是现代经济的核心”

最近几年，各个地方对金融改革都很重视，

今天这么多人来听这个讲座，我很感动，说明大家对金融事业的发展也非常关心。实际上，我们探讨的金融改革问题，是中国整个经济体制改革背景下一个非常重要的领域。2012年以来，国务院先后批准了几个金融改革实验区，包括温州、珠三角、泉州的改革实验区。这种自下而上的改革要求，体现了一种基层的创新精神和愿望，这是非常珍贵的中国金融改革的力量。

就金融改革而言，它的领域非常广泛，特别是金融危机以后怎么理解经济和金融的关系，目前对这个问题的探讨非常多，反思也非常多。我们一方面看到金融在支持经济发展中的重要作用，另一方面，国际金融危机也给我们一个反面教训，也看到了金融对经济的巨大破坏作用。那么，如何善用金融，是一个非常重大的课题，也是全世界在国际金融危机以后都在探讨和思考的一个问题。

1. 金融改革、金融政策，包括货币政策，在危机之后受到的关注更为强烈

最近我们公布了中国一季度（2013年一季度）的经济增长、物价等宏观经济指标。国务院也发布了新闻稿，认为一季度的形势总体良好（经济增长7.7%，3月份CPI是2.1%，1~3月份CPI是2.4%）。但同时我们也注意到，这些数据公布时，金融市场发生了巨大波动。为什么？因为有些数据超出了市场预期。比如，市场普遍预测经济增长率是8%左右，但实际公布的是7.7%。另外，金融数据的表现非常耀眼，全国金融贷款比上年多了将近3000亿元，广义货币M2增长15.7%，狭义货币增长11.9%，企业部门从各种渠道得到的总社会融资规模达到了6万多亿元，比上年同期多了将近2万亿元。金融方面的数据似乎和经济方面的数据形成了一定的反差，又促使人们去思考怎么看金融变量和经济变量之间的关系。这是一个重大的课题，无论在理论界和实务界都是一个重要的议题，也引发了很多关于政策选择的争论：是不是应该更多地释放信贷去促进增长？从不同的角度分析可能得出不同的结论，这也是我们需要深入研究的方面。

2. 这些数据的背后是什么

从国际上看，最近也有一件事情特别有意思，日本实行了超级量化宽松的货币政策，这个计划雄心勃勃。日本所公布的刺激计划包括几方面内容：明确公布了通货膨胀目标，两年内要达到2%，显示了日本要结束长达20年的通货紧缩的决心；公布了一个大规模的资产购买计划，日本央行要大量收购资产；同时配合非常积极的、扩张的财政政策。本来日本的财政负担已经很重了（有研究认为债务占GDP比重已超过200%），但它仍然实行强烈的刺激政策。这个政策究竟能不能发挥作用，有没有效果，争议也非常大。金融市场也产生了一系列反应，日元出现了贬值，而国际社会对日元贬值似乎持一种容忍态度，最近的世界银行年会、国际货币基金组织年会对此似乎是默认了。而日本公布的数据显示，这些政策似乎在发挥作用，包括出口增长超过了预期，金融市场上的利率也发生了明显变化。通过大量购买长期债券，日本长期债务市场的利率也明显下降。这些情况又让人们去思考究竟怎么看金融和经济的关系。

当然，中国在改革开放之初也特别重视金融的作用，我们有一个非常经典的描述，叫作“金融是现代经济的核心”。长期以来，我们把金融当出纳，后来认为金融作用很大，可以支持各种经济活动。我们对金融作用的认识也在不断深化，我们是从计划经济向市场经济转型的经济体，传统上不强调服务业所能发挥的作用。而事实上，后来我们发展跟国际接轨的统计体系，金融业成为经济发展中的一个重要部门，金融业也得到了较快的发展，在促进经济快速增长方面发挥了重要作用。

金融部门的核心作用是配置资源，金融部门能不能把这个工作做好，实际上直接关系到经济增长速度和效率。同时，金融也是宏观经济调控的重要杠杆，它也是各项经济活动进行连接的纽带，生活、交换这些过程都由金融活动完成。当然，“金融是现代经济的核心”把金融的功能作了非常形象的描述，后来我们看到国际上发生了金融危机，金融出了问题，我们也强调金融要支持实体经济的发展，而不是金融业务、金融活动的自我循环。金融的作用要从正反两个方面来客观认识，既不能夸大金融在支持经济中的作用，也不能不重视它的作用。金融危机很大的一个问题就是金融资源错配到了它不应该分配的领域，错配以后再调整极其困难，也极其艰苦。2007 年爆发的金融危机已经 6 年多了，全球经济的恢复现在还看不到特别明显的迹象，当然美国经济略好一些，去杠杆的活动取得重要进展，房地产、汽车市场都在回暖。欧盟经济总量比危机前下降了 10%，日本也下降了一些，只有美国刚刚达到危机前的水平。中国表现非常好，这几年我们得益于金融改革取得的成绩，商业银行体系良好的资产负债表和充实的资本支持了金融业务的扩张，也支持了经济的快速回升。中国的金融保持了一个稳健发展的态势，这得益于我们金融改革的成果。

3. 怎样把风险管理好，始终是金融业的核心要求

金融要支持实体经济，要支持得好，从宏观角度来讲，有两个基本要求：一是它能把物价稳定好，把物价控制在一个相当平稳的水平。如果通货膨胀比较严重，这个功能就会受到很大的影响。我们也看到，凡是通货膨胀水平比较低的经济体，金融业务的扩张才能有效地支撑经济增长。只有实现相对物价的有效调整，才能把资源配置到它最有效的领域，价格信号才能在总水平比较稳定的条件下发挥作用。二是金融一定要稳定，要防范好金融风险，要建立良好的金融生态，这非常重要。我们也看到另外一些可能需要我们借鉴的方面，就是我们一定要把金融资产的质量保持好，这是保证金融永续投入的一个重要条件，否则，金融一旦收缩，好几年都可能缓不过劲来。在中国历史上我们有过这样的区域性风险爆发，产生了深远影响，包括海南、北海经过十几年才有所恢复，这个过程非常艰难。从宏观角度来讲，我们一定要维护好金融秩序，使金融功能得以正常运转。美国实行量化宽松的政策，欧洲中央银行实行非常宽松的政策，日本、英国都一样，之所以中央银行购买资产、投放货币和信用，就是因为金融体系功能紊乱，不能发挥应有的作用，所以金融体系的稳定是非常重要的一个方面。

金融投入要能实现货币稳定，同时又要保证金融稳定，其前提就是资源配置一定要比较有效。这个体系能把资源导入产出比较好的部门，产出越高的部门，越能得到金融支持，这是一个运行良好的金融体系的最好标准和要求。通过金融改革，这些方面实际上有很大的潜力。从20世纪80年代开始，中国的金融改革基本上沿着市场化的方向前行。所谓市场化，就是通过价格信号等一系列的机制安排，使资源配置比较有效。我们通过改革，让金融机构成为一个自担风险和有效自我约束的主体，其基本导向就是让它把储蓄资金导入最有效的部门，这是非常明确的改革方向。

二 我国金融改革路径探索

1. 金融改革路径选择的两个维度

我们在金融改革路径选择上，有两个维度。一是进行全局性的改革。这样的改革必须要在全国范围内推动，因为资金本身是流动的，这其中最典型的就是利率、汇率的改革，也包括资本项目可兑换。全国性的金融改革，需要动员全国的资源，才能对它有所推进，这些改革我们一直在向前推进。二是专项性质的改革。这方面的改革，在这几年比较而言，包括上海金融中心、天津滨海金融街等等，是一些局部性的、实验性的改革。

全局性的金融改革最重要的一项就是利率市场化的改革，刚才我们说要把资金配置到最有效的部门，一定要有价格机制充分发挥作用，这要求资金要素价格是市场化的，这个改革过程比较长。我们从 1996 年开始推进这项改革，当时放开了全国银行间批发市场利率。我们管制最多的是存贷款利率，存款利率一直管制得比较严格。2004 年 10 月，我们有一项重要改革，就是存款利率管上限，贷款利率管下限，实现了一个阶段性目标。2012 年又有一项最重要的利率市场化改革，即贷款利率下限扩大到了基准利率的 0.7 倍，存款利率也允许上浮扩大到 1.1 倍。推进利率市场化以后，我们看到金融机构自我定价的能力有所增强，不同的银行有不同的存款利率，存款利率的差异化初步形成。大银行的存款利率可能稍微低一点，因为它们比较有信誉，中等银行稍上浮一些，小机构全部上浮。在贷款利率方面，金融机构自主定价的空间非常大，很少有机构或企业能拿到 0.7 倍的贷款，我们的调查显示只有不到 2%。也就是说，贷款利率的 98% 基本上已经完成市场化定价，不受任何限制约束。贷款利率的市场化在 2012 年迈出了非常大的步伐，这是利率市场化的重要改革。

在资金市场上，现在品种多了，大家选择的机会也比较多，利率现象也非常复杂。如果去市场上看，可能五花八门、丰富多彩，不同产品差异也很大，这是中国金融转型的一个重要现象，也是一个重大变革。当然，这个进程还没结束，利率市场化一方面是放，另一方面要形成有效调节。因此，中央银行调节市场利率的能力也非常重要，这也是需要强化的方面。

另外，金融机构怎样能够定出比较合理的价格，怎样形成一个比较有效的科学定价机制，这也是非常需要强化的方面。能不能对信贷风险进行评价，并且根据风险期限定出不同的价格，这要求商业银行自我管理和内部管理体系要有非常大的进步，也是对商业银行的重要考验。

除了利率变得更加灵活之外，我们的汇率机制改革也在不断推进。目前的汇率基本上也是浮动的，每天挂牌的汇率也不一样。同时也看到，企业部门、居民对利率、汇率的变动十分敏感。在经济发展的不同阶段，老百姓、企业调节自身的外币资产和本币资产是灵活敏感的，这也是我们可以进一步推进利率、汇率市场化的重要条件。

当然，在这个过程中，我们还进行了国有大型银行的改革。现在大家也有渠道去境外投资（当然是间接的），外国的投资者也可以进入中国市场进行投资（也是通过一些渠道进入）。我们的对外直接投资也在发展，加上外商对华直接投资，这种资本双向的流动机制正在形成。随着中国经济的发展，中国的金融体系也日益融入全球体系。经济越开放，金融越开放，我们的经济金融也日益受到国际金融、国际经济环境变化的影响，而且非常敏感。比如，发达国家实行的量化宽松政策和超低利率政策，有可能导致资本流入中国。

2. 区域金融改革先行

除了这些比较重大的、具有全国性影响的价格改革是全国统一部署以外，也有一些改革是通过区域改革的方式来实施的。

这些改革内容也非常丰富，也充分考虑了不同地区经济禀赋的差异，改革的内容也各有侧重，这也是改革的一个重要力量。我们有重庆的改革，也有上海、天津、海峡西岸、平潭、湖南、温州等的改革，有 20 多项不同地区以不同侧重点为内容的区域金融改革。我们应支持区域金融改革发挥它的积极性，维护这种改革的动力。我们中国经济体制改革有从下而上、进而总结经验在全国推广的先例，这是我们过去改革过程中曾经总结出的一条重要经验。它的好处是可以及时纠偏，因为它的范围比较有限，如果成功了也可以比较快地推广。但这样的改革仍然要尊重市场规律，要注重在一定范围内的顶层设计和机制安排。这样的改革也不是想怎么做就怎么做，也要发挥统筹规划的优势，要处理好改革实践和改革规则制定的关系，这是我们应该遵循的原则。

3. 金融改革必须有所突出

金融改革是改革领域中非常重要的组成部分，我们说这是中国经济发展到现阶段以后，必须加以重视和必须有所突破的方面。

中国的金融改革进入一个关键时期。中国经济经过 30 多年的快速发展，从目前的数据来看，有些新的特点，而这些特点使得中国经济转型的迫切性日益增强。这也对金融转型提出了新的要求，而经济转型是金融改革的重要背景。

中国经济潜在增长率放缓的趋势比较明显，从以前两位数的持续高增长，到目前看起来增长动力比较弱。到目前为止，推动经济增长的动力仍然是投资。如果我们仔细分析，可以发现 2012 年、2013 年以来的投资增长中大部分都是基础设施和国有部门的投资，而这部分几乎占中国全部投资增长的 100%。如果看民间投资，有些是下降的。也就是说，我们投资增长的动力或者说民间经济增长的动力还比较弱，我们靠什么支撑这个投资？当年货币信贷投放量非常大，但所能带动的投资增长的边际增长量要比往年小，这是我们改革中的一个重要背景。

经济潜在增长产能趋于下降，因此，要维持跟原来一样的增长率，需要更大量的投资，而更大量的投资需要更多的信贷投放，这究竟是不是一个有效的、可持续的选择是有疑问的。从支撑中国经济需求的角度看，消费仍然保持在较弱的水平。国际经济结构正在经历重大的调整，我们的出口市场在萎缩。靠货币信贷进一步投入拉动增长的能力也在明显下降，从一些研究来看，这几年我们单位投资带动 GDP 增长的能力明显下降。这就带来了一个问题，我们靠什么维护和释放还可能存在的经济潜力？投资有一些难度，消费增长也非常平稳，2013 年一季度甚至下降了 2%，而消费跟居民收入密切相关，居民收入跟整个国民收入分配有关系，看起来近期改变的难度也比较大，我们维护消费信心的难度也比较大。出口也难，因为美国也要搞出口，美国也制定了出口倍增的计划。因此，从需求的角度来讲，我们遇到了一些困难，这是我们的一个重要背景。从供给的角度来讲，我们也面临一些新的特点。劳动年龄人口开始出现净下降，投资产出效率也在降低，我们以前的高增长是在市场扩大（包括出口带动的市场扩大）、制造业效率提升、劳动力红利比较充分的情况下实现的。现在从供给角度来看，这些都在发生变化。我们也看到很多地方，特别希望货币政策、金融政策能再松一些，投入再多一些，但从宏观角度来讲，它能带动的边际收益率在下降。

最近争论比较多的就是 M2 和 GDP 的比值偏高，年初我们制定这个目标的时候，很多人认为太低了。从学术角度来讲，M2 比 GDP 是一个非常专业的指标，这个问题可以充分研究。应该说 M2 比 GDP 最初提出时是一个金融深化指标，直到现在很多学者都用这个指标来衡量金融发展程度，因为经济在发展的过程中会伴随金融功能的扩展而扩展，伴随货币和金融渗透率的提高而提高。近年来，也有不少观点认为 M2 和 GDP 的比值高意味着货币超发和通货膨胀。但我们也要注意到，GDP 本身也是一个名义变量，它包含了物价水平，M2 比 GDP 的提升是在既定物价水平上的扩展，在这个意义上似乎用这一指标衡量通胀风险并不合适。

从国际比较看，有的国家货币不稳定，老百姓不愿意持有自己的货币，想提升这个指标都提升不了，因为老百姓不愿意持有本国的货币，愿意把它抛弃掉（比如，换成美元），所以在一些国家这个指标非常低，但通货膨胀率很高。而一些 M2 比 GDP 比较高的经济体，都是直接融资比较多的经济体，像韩国、日本都有这样的特征。我们在很多方面有比较明显的体现，原来很多领域不用货币，但随着金融改革的深化和货币化，M2 比 GDP 提高了。比如，原来房地产是不上市的，现在上市了，所以这个比值提高了，后来这个指标还在上升，实际上货币化的过程还在扩展之中。同时从宏观调控的结果来看，中国通货膨胀基本保持在一个稳定的水平，当然统计上还有一个比较的差异，那就是中国老百姓的金融资产选择不够多样化，以货币形式持有的资产偏多，其他资产偏少，但这种现象正在发生巨大的变化。

2011年以来，我们看到整个金融市场产品不断发展，理财产品发展非常快，这也是我们金融市场改革进一步深化的标志。利率现象变得非常复杂，利率在引导资源配置中的作用不断增强，这是一个新的特点，也是金融转型的重要标志。我们说要推动中国的金融改革，有很多非常重要的领域，包括利率市场化、汇率市场化、资本项目可兑换以及发展不同金融业态等等。在这个过程中，有些还体现了我们金融改革可能存在的滞后方面。比如说各种融资活动非常多，有些是正规领域，有些是非正规领域，有的把它叫作“影子银行”，这是一个比较形象的说法。对中国影子银行或者理财产品市场的发展，国内外都给予了高度关注。很多是从金融风险的角度来观察，但实际上，这个现象的形成有着非常复杂的中国金融体制改革背景，有些方面反映了需要进一步改革的要求。这是我们面临的金融转型背景，也是金融改革需要进一步深化的方面。

三　对泉州金融服务实体经济综合改革的思考

1. 金融要提升，发挥支持经济增长的作用，就必须提高金融对资源配置的有效性，把投资引导到最有效的地方

中国经济面临潜在增长率下降的问题，同时面临成本上升的压力，劳动力成本、资源成本、环境约束成本都有上升的压力。我们说金融要提升，发挥支持经济增长的作用，就必须提高金融对资源配置的有效性，把投资引导到最有效的地方。我们也看到了这方面的研究，只要中国能够改善金融资源的配置，中国的产出还可能提高百分之几十，我们的经济还存在巨大的潜力，但是这个潜力的发挥要有改革的支持。在这些需要改革支持的领域中，要想提高配置效率，就要提高金融对中小企业的支持力度，改善对中小企业的金融服务。这已经是中国不得不在金融改革中需要下决心做好的一个方面，而且这方面的工作任务非常多。

在中小企业金融服务领域，我们有很多可以改进的方面，当然在中小企业金融服务领域，我们也做了很多工作。但各方面反映融资难、融资贵的问题也比较突出，究竟怎么看这些问题？中国的金融体系在政策导向上，一直强调要支持中小企业，但我们的金融体系或金融机构能不能有效地把资源投入中小企业，可能各方面有不同的看法，这也是需要我们改革进行深化的方面。我们要维持中国潜在增长率在较长一段时间内保持在一个相对高的水平上，在劳动力供给潜力优势减弱、投资回报率有可能下降的背景下，必须提高投资效率，而其中重要的、需要改善的方面，就是民营投资和中小企业金融扶持方面。

2. 中小企业融资难是世界性的问题，各个国家都有这样的问题，市场经济非常发达的经济体也没有完全解决这个问题

不同的国家采取了不同的模式解决这个问题，市场机制本身没有把这个问题解决，有些方面需要政府做一些工作。政府究竟应该做什么样的工作？能够做到什么程度？是不是能够形成一套比较系统的解决中小企业融资的方案？这也是泉州金融改革的一项重要内容，而且是一个可能为中国金融改革形成一些经验的重要领域。

当然，政府要做的方面可能非常多，过去我们有个习惯，希望中国的大银行能把中小企业服务好，这些方面我们也做了大量的引导性工作。当然，中国的大银行做了很多努力，但是中小企业本身有自身的一些缺陷。比如，存在信息不对称、抵押担保不足等问题。怎样解决这些问题？我们很多地方进行了不同的探索，有的地方强化信用体系建设，强化信息服务功能，强化信用建设，信用环境好了，信息体系完善了，可能有利于降低中小企业的融资成本，但这仅仅是一个方面。有的地方着力于建立各种担保，这是否能有效降低中小企业的融资负担？现在还面临各种疑问，因为担保也需要收费，而且收费还不低。这些担保机构是不是真的起到了分散风险的作用，也不是那么确切，可能有些领域还需要探讨。

如果去研究不同的国家，它们也有的采用政府担保模式（比如说美国），也有的采取政策性银行模式，模式有很多，政府需要发挥作用的领域也很多，包括中介服务体系等等。中小企业在发展过程中，在不同阶段需要融资的特点也不相同，因此，也需要金融体系能够提供符合中小企业发展阶段特点的产品。

3. 中国经济正处在转型阶段，而且是非常关键的转型阶段，从经济结构、经济发展的动力来讲，最近我们特别强调服务业的发展

中国服务业发展比较落后，服务业严重滞后于工业化，也严重滞后于其他处于同等发展水平的经济体（我们的服务业比印度、巴西的服务业发展水平还要低十几个百分点）。这一方面说明了我们很落后，另一方面说明我们有很大的潜力，而且我们的城镇化才刚刚超过了50%，相当于日本20世纪70年代的水平和韩国20世纪90年代的水平。在城镇化的过程中，必然伴随着服务业的发展，服务业也有它自己的特点，它没有工业产品那么标准化，但对软环境要求更高，需要国家在改革开放方面做的工作也非常多。有些领域管制比较严格，有些服务需求很大，但不能得到满足。比如说医疗、养老，有些人需要非常高品质的服务，教育也是一样，把小孩送到美国去上学，说明自己的供给很不足，也就是说我们的空间很大。金融需要支持的领域也很多，服务业也有它自身的特点，也不是说原有的金融模式能够有效解决服务业的融资需求，这也是金融业需要改革才能解决的问题。

只有通过改革扩大供给，才能真正把中小企业的融资成本降下来。当然，从宏观角度来讲，我们需要把物价控制好，只有把物价控制在一个比较低的水平，整体的利率水平、财务负担才能保持在一个比较稳定的水平上。在降低金融服务成本方面，我们可能也需要运用科技手段，提高信息化程度，扩大我们金融服务的覆盖面。所以，我们也特别希望泉州在这些方面的改革能取得比较明显的进展，能够为全国在这些领域的改革提供可借鉴的经验。我讲的内容先到这里，如果有问题可以进一步探讨。谢谢大家！

互动交流

1. 对中国投资边际收益率下降有什么看法？应对思路是什么？

【听众提问】：

刚才提到 M2 比 GDP 高，透露出中国投资边际收益率下降，也有很多财经媒体认为这也反映了经济杠杆风险加大，对此您有什么看法？如果真有这样的问题，应对思路是什么？

【纪志宏】：

关于 M2 比 GDP 的问题，我刚才讲了一些角度的问题，当然也有人强调，这可能隐含了较大风险。我认为，这实际上是中国金融资产结构改善的问题，中国长期以来是以间接融资为主的金融体系，大量的融资主要依靠银行部门，所以风险也基本集中于银行部门。当然，这几年金融资产也在多元化，公众的选择也在多元化，但这个转变可能还需要相当长的过程。我们可以通过资产结构的改善、直接融资的发展来更好地改善金融风险集中度，以此维护金融体系的稳定性。

另外，对这个比例我觉得需要更多地从宏观角度去理解，从动态角度去看待。这个比例究竟会不会成为一个问题，实际上取决于我们经济发展的动力能不能培育起来，能不能有创造产出的能力来消化可能集聚的风险。我刚才也讲了，我们经济增长的空间还有，包括通过供给面的改革，通过放开垄断领域，通过整个能源价格、资金要素价格的市场化改革，通过很重要的财税体制改革加大对企业创新能力的激励，来提升整体经济的活力，在动态中化解风险，维护中国金融体系的稳定性。单从这个数字本身来讲，并不能得出任何必然的结论。

2. 如何看中国金融面临两个潜在的风险？

【听众提问】：

上一周国际信用评级机构对中国本地信用下调为 A^+，它们的原因是中国金融面临两个潜在的风险，一是影子银行脱离信用监管的信贷扩张，另外就是地方财政欠了大量的债务，您能不能从政府的角度来解释一下，欠了这么多债，地方政府如何解决这个问题？

【纪志宏】：

评级机构最近对中国主权债务评级有所降低，这显示了对中国长期债务风险的一种担心。对此，我们要从负债和资产两方面看，既要看到债务水平，也要看到地方政府债务形成的资产怎么样。中国在城镇化过程中，必然面临融资要求，有没有一个比较规范、科学的融资机制非常重要，也是我们下一步需要解决的重要问题之一。当然，这是一个综合性很强的问题，涉及中国的财税体制、金融体制等方面。如果我们仔细观察西方国家，在长达200多年的城镇化过程中，它们发明了许多融资工具来解决融资需求，如市场债等工具。

我们国家过去主要靠银行贷款，这是我们的金融体制所决定的。同时法律又规定地方政府不能举债，但它们确实又面临融资需求。因此，一方面，地方政府采取了很多变相办法，包括地方融资平台，借助这些工具来进行融资，某种程度上通过这些办法解决了融资需求；但另一方面，这种间接融资的很大特点是不透明，在此情况下，你说不清楚，你也没法给别人解释清楚你的债务，这也是我们需要改进的一个方面。这是从融资工具角度来讲。如果我们有更多的直接融资方法（直接融资要求透明），市场会有定价，会形成一种市场约束机制。另外，从财税体制来讲，最近中国改革的力度非常大，我们把“营改增”的范围迅速扩大到全国，而“营改增”不只是简单的改增值税，它涉及中央财政和地方财政收入划分的问题，实际上最终涉及中国分税制体制改革怎么完善的问题。我们的分税制或者说财政体制，有一个分收入的办法，但对事权的划分并不清晰。很多事权交给地方政府，地方政府一方面财力有限，另一方面任务很重，所以需要融资。地方政府融资是一个非常综合的领域，涉及方方面面，特别是涉及地方财政自我约束的问题，包括预算体制，但我们过去的预算是只管当年，不管长期。所以，如果从预算角度来讲，我们可能需要进行更长周期的预算安排，如此，地方财政的债务问题就会清晰显示。

中国地方政府债务是不是已经到了不堪承受的程度？中国的融资体制使它不是很透明。我们还要考虑地方债务的支出很多都不同于西方，都是当期支出了很多，政府债务的性质有所不同。当然我们下一步很可能需要更全面的改革，包括发展更多的资产证券化工具等去解决这个问题。我们需要去研究探索这个问题，通过财税体制的改革，通过城镇化融资机制更加科学和市场化的安排，来解决所谓的地方政府债务问题。

3. 泉州在金融改革的过程中，金融如何更好地服务产业集群发展？

【听众提问】：

我想问一个比较实际的问题，泉州现在有 20 多个产业集群，泉州在金融改革的过程中，金融如何更好地服务产业集群发展，您有什么建议？

【纪志宏】：

泉州的产业集群我研究得不多，但我觉得支持实体经济发展，金融需要创新的地方可能非常多，要改进金融供给的方面也非常多，对于改进中小企业服务方面也有很多需要探索的地方，特别是通过资本市场来支持产业集群的发展。具体我可能需要再研究一下。

4. 国家会给泉州多大空间进行金融方面的改革？

【听众提问】：

首先感谢局长这次来泉州为大家带来这么精彩的报告，因为我是泉州人，我比较关心现在国家会给泉州多大空间进行金融方面的改革。现在全国有二十几个金融改革示范区，民间资本可以根据有关规定发起、设立、参股村镇银行，这个似乎在全国范围内没有一个较大的突破，泉州在这方面会不会有所突破？

【纪志宏】：

这可能需要时间来回答这个问题。就这个问题而言，我刚才讲的也有涉及，就是怎么增加金融的有效供给。过去依靠大银行的机制够不够用？是不是我们需要不同治理结构、治理模式、经营机制的金融机构来解决这个问题？对中国来讲，都需要研究解决这些问题。很多地方都说中小企业融资难，民间借贷发展比较快，我们需要考虑为什么会出现金融供给不足的问题。长期以来，我们在金融发展过程中很重视风险防范，也经历了几轮金融危机，在应对危机的过程中，我们经常要把风险控制放在一个很重要的位置上，我们对准入管制比较严。当然，这是由银行业、金融业自身外部性比较强的特点决定的，所以它的管制门槛要高一点、进入要难一些，这有它的逻辑。但是，当我们的经济发展到这个阶段，在经济转型压力这么迫切的背景下，我们需要思考推动中国金融体系改革的问题。过去这方面出了一些问题，但我们也相信现在的金融环境已有明显改善，特别是金融监管能力在不断提升，有条件扩大金融供给。只有在有效竞争的机制下，才能真正把服务不同群体的金融需求任务完成好。从我个人来讲，我认为这些领域改革的空间仍然很大。谢谢！

5. 对英国有些地方政府出售政府资产有什么看法？我国有什么政策来稳定、防范外汇风险？

【听众提问】：

请问两个问题，一是地方政府的债务问题，英国有些地方政府也有很多债务，但它们出售了政府资产，您对此有什么看法？二是我国的外汇储备比较多，在美、日量化宽松政策下，我国有什么政策来稳定、防范外汇风险？

【纪志宏】：

我觉得债务证券化在某种程度上和你讲的有相似的特点。其实，中国经济改革、金融改革的一个最重要的任务，就是理清政府和市场的关系，政府应当进入哪些领域，不应当进入哪些领域。在这些方面，如果有更好、更科学、更市场化、更符合政府职能转变要求的改革模式，也都应当给予肯定。

关于中国如何应对量化宽松政策，这确实是一个比较难的问题。但我想应对这个问题的关键，是中国经济自身的转型必须加快。如果我们仍然高度依赖外需、出口、投资，很显然应对过程将非常困难。我们当然也有很多其他制度安排，包括汇率改革、增强弹性等，都是对量化宽松政策的应对措施。

6. 如何引导民间资本进入金融领域？

【听众提问】：

我们泉州的民间资本数量非常大，现在怎样引导这些民间资本进入金融领域？面临的问题是门槛非常高，地方的监管不是太到位。我想问一下，今后我们在引导民间资本进入金融领域方面，门槛能不能放低？地方金融监管的权力基本上还是在中央，中央的权力没有很大程度地下放，今后有没有这样一个趋势，逐步把中央的金融监管权力下放到地方，只要我们地方监管到位，我们民间资本应该能够更好地进入金融领域。

【纪志宏】：

民间资本进入金融服务领域的渠道现在已经比较多。比如，你可以买股票等。参与的方式也非常多，当然参与的内容可能不太一样。我刚才说，中国需要发展的领域包括服务业，需要开放的领域主要是服务业，因为中国开放程度比较低的主要是服务业。这次国务院公布的新闻通稿上，也特别强调通过服务业的开放促进消费。服务业也包括金融业，开放包括对内资、外资的开放，通过开放促进改革也是改革的一种路径，而且改革和开放也相互促进。

在放开各种管制比较严的领域方面，包括金融、邮电、通信、医疗、教育等等，都可能给泉州的民间资本提供更好的投资空间。等会儿郑市长能告诉你，怎样能把泉州的民间资本引入更多更有发展前景、更符合未来人们需要和当前发展比较薄弱滞后的领域。这些领域非常多，不仅仅是金融业，也不仅仅是金融业有巨大的盈利空间。

同时我们也要看到，中国的金融改革在深化，金融业的盈利模式实际上也在发生转型，利率市场化步伐也在推进，金融业的竞争也会比较激烈，在激烈竞争的过程中，我们也希望通过竞争来降低企业的融资成本。金融业的竞争需要人才，不仅仅是资金，民间办金融机构也需要相当高的水准和较强的能力，这是很重要的一个方面。还有监管问题，监管很重要，要建立优胜劣汰的机制，才能使竞争更充分。这还涉及存款保险制度的建设等等，这些酝酿中的改革，也跟这些变化有关系。另一方面，我们需要有相应的监管能力，相应的监管权力和责任是对等的，你要有监管的权力，那你就得有规避风险的能力，最终实际上很可能跟财税等还是有一点关系，但我觉得最重要的一个要求，或者最基本的一个特点是责任和权力要对等，要和能力相对称。

魏后凯简介

魏后凯　现为中国社会科学院城市发展与环境研究所副所长、研究员。

先后毕业于湖南师范大学、中国科学院地理研究所、中国社会科学院研究生院，获理学学士、理学硕士、经济学博士学位。

近年来负责主持了 60 多项国家重大（点）、中国社会科学院重大（点）以及有关部委和地方委托研究项目，撰写和主编学术专著 20 多部，在《中国社会科学》《经济研究》等发表中英文学术论文 200 多篇，主持或参与完成的科研成果获 20 多项国家和省部级以上奖项。

新时期中国城镇化的战略选择

魏后凯　　2013年7月2日

很高兴今天有机会到美丽的、文化底蕴深厚的泉州，来到华人讲堂跟大家进行交流。最近，我主要在研究两个问题：一个是城市发展的转型，这些年我曾向国务院提交过多个建议，提出要加快沿海地区和城市的转型；另一个是城镇化，上个月我们专家组已经评审通过了《国家新型城镇化规划》，下一步待国务院发布《国家新型城镇化规划》以后，还有配套的实施方案和一系列措施。

今天我主要讲一下中国的城镇化战略，具体讲七个方面的问题。

一　要科学把握城镇化的含义

目前，国内对城镇化有不同的理解和看法，有人叫城镇化，有人叫城市化，我认为这是一回事，没有必要争论。中国很多镇的人口规模远高于国外一些城市的人口规模，中国的镇事实上就是一个城市。欧美国家的城市一般就是几千人左右。所以，我觉得中国的建制镇就是一个城市，未来建制镇的发展应该按照城市的理念去建设。

什么叫城镇化？简单讲就是指人口向城镇聚集、城镇规模扩大，以及由此引起一系列经济、社会变化的过程，这个过程包括经济结构、社会结构和空间结构的变迁。现在中央高度重视城镇化，就是因为城镇化是社会进步和现代化的标志，是经济社会发展的体现。尤其是李克强同志在多次讲话中讲到，城镇化可以拉动投资、刺激内需、拉动经济增长。总理的说法是对的，但是我们应该看到城镇化的作用不单纯是拉动投资、刺激内需，重要的是能够带来多方面的综合效应，能够促进产业升级、推动创新、提高居民的收入，等等。过去我们对物的城镇化比较重视，但城镇化的核心是人的城镇化，所以推进城镇化必须坚持以人为本。我认为，城镇化的过程就是变农民为市民的过程，也即市民化的过程。欧美国家的城镇化和市民化基本同步，而过去中国的城镇化和市民化是脱节的。目前中国有两亿多农业人口进入城市，但是他们并没有享受到和城镇居民同等的待遇，其市民化程度很低。所以，下一步我们要推进城镇化，市民化是个很重要的问题。城镇化包括数量和质量两个方面，是二者的有机结合。

当然，城镇化的速度必须适度，太快了不好，太慢了也不好。城镇化是一个历史过程，是经济社会发展的结果。我认为，城镇化不是一个目标，而是一个结果。城镇化的速度和水平必须保持五个“适应”。第一，城镇化要与经济发展水平相适应。西部一些落后地区希望城镇化水平高一些，但这是不可能的，在发展水平很低的情况下，不可能达到与北京、上海一样的城镇化水平。因此，城镇化水平必须和经济发展水平相适应。第二，城镇化要和工业化所处阶段相适应。第三，城镇化要和城镇人口、就业吸纳能力相适应。城镇化的推进需要有产业支撑，才能为人口就业提供吸纳能力。第四，城镇化要和城镇公共设施容量相适应。第五，城镇化要和区域资源环境承载能力相适应。城镇化的速度和水平必须做到以上五个“适应”。

一个国家或地区的城镇化水平不是越高越好，我认为它应该具有一个天花板或饱和度。根据我的研究，中国未来城镇化的天花板或饱和度应该在85%左右。到2050年的时候，中国城镇化有可能超过80%，接近城镇化水平的天花板了。也就是说，到2050年的时候，中国的城镇化过程基本结束了，城乡结构基本稳定下来。需要说明的是，虽然这时农业人口的比重可能下降到10%甚至以下，但有一部分人不愿意住在城镇，而愿意住在乡村，城镇人口比重并没有那么高。

二　中国城镇化的进程与评价

1. 中国城镇化过程的三个阶段

中国城镇化的过程可以分为三个阶段：第一阶段，在改革开放以前是波浪起伏阶段，城镇化率平均每年提高 0.25 个百分点；第二阶段是 1978 年到 1995 年稳步推进阶段，城镇化率平均每年提高 0.64 个百分点；第三阶段是 1996 年以后加速推进阶段，城镇化率平均每年提高 1.38 个百分点。其中，1996 年到 2012 年中国城镇化率年均提高幅度是 1978 年到 1995 年的 2.2 倍，是改革开放以前的 5.5 倍，可以看出速度越来越快。2012 年中国城镇人口达到 7.12 亿，城镇化率为 52.57%，据此估计中国城镇化率已经达到世界平均水平。2011 年世界城市化率是 52.1%。2000 年到 2011 年，世界城市化率平均每年提高 0.5 个百分点。按照这一平均速度推算，2012 年世界城市化水平估计为 52.6%，而中国是 52.57%，可以说中国的城镇化水平已经达到世界的平均水平。

2. 中国城镇化的特色——中国式城镇化

中国的城镇化应该有自己的特色，我们把它称为中国式城镇化。中国式城镇化是不完全的城镇化，就是因为农民工进入城市以后，市民化程度比较低，是一种不完全的城镇化，有一些学者把它叫作半城镇化。我用九个字来概括中国式城镇化：速度快、质量低、不协调。

中国城镇化速度快表现在："九五"以来，平均每年新增加城镇人口在 2000 万以上，城镇化率年均提高幅度在 1.3 个百分点以上，这个规模和速度是很少见的。1996 年以来，绝大多数年份新增加的城镇人口都在 1500 万以上，城镇化的速度绝大部分年份都超过了 1 个百分点。从国际比较来看，1980 年到 2010 年，中国城镇化率年均提高 0.99 个百分点，世界平均提高 0.41 个百分点，发达地区提高 0.25 个百分点，欠发达地区提高 0.55 个百分点，可以看出中国城镇化进程不仅速度快而且规模大。

中国城镇化质量低表现为：一是农民市民化程度低，二是城镇缺乏特色，三是典型的粗放外延发展模式。城镇化的本质就是人口、产业和要素向城镇集聚，带来资源的节约和生产效率的提高，有利于环境污染集中治理。但我们在推进城镇化过程中，采取了典型的粗放外延发展模式，这种以高消耗、高排放、高扩张为特征的粗放外延发展模式，资源环境的代价比较大，所以这种城镇化不可能持续。

这些年来，中国经济增长主要是靠城镇经济的高增长来支撑的。当我们比较地区增长速度的时候，不能拿一个城市的增长速度和国家统计局发布的增长速度进行比较，而应与同级城市加总的增长速度进行比较。我们打开中国的统计年鉴，31 个省（区、市）的增长速度都高于国家统计局发布的数据，31 个省（区、市）的地区生产总值加总数远远高于国家统计局发布的数据。根据我们的研究，前些年 31 个省（区、市）加总的增长速度要比国家统计局发布的增长速度平均高 1.5~2 个百分点，而地级市的加总增长速度比省一级的增长速度数据平均高 1~1.5 个百分点，县一级的加总增长速度和地级市的增长速度差不多。过去人们往往把这种差异单纯归为地方的统计水分，中国不仅仅是统计水分的问题，而且各个地方的统计水分不一样。根据我们的调查，沿海地区，像厦漳泉、长三角、珠三角是放水养鱼，藏富于民，实际的增长状况好于统计，它是往下压。中西部落后地区就不一样，实行的是偏紧的征税政策，统计数据通常往上抬。还有一个跨地区投资问题，现在很多企业到处投资，这会有一个重复统计的问题。需要指出的是，国家最初公布的 GDP 增长速度数据通常有些低估。从每年 GDP 增速公布后的多次调整，而且是越调越高，也可以看出国家统计局最初发布的增长速度数据是偏低的。

不管怎样，中国城市经济呈现出高增长的态势，但是这种高增长是建立在土地的高扩张、资源的高消耗和“三废”的高排放基础上的。2010年，中国GDP只占世界的9.5%，但是能源的消耗占了20.3%，煤炭的消耗占了48.2%，水泥的消耗占了56.2%，钢材的消耗占了44.9%。从“三废”的排放来看，目前中国二氧化碳的排放量已经占世界的25%左右，单位GDP二氧化碳的排放量远远高于世界平均水平，更高于发达国家。从土地的扩张来看，很多城市经济增长主要是靠开发区、产业园区来支撑，而产业园区GDP的增长又主要靠土地的平面扩张来支撑。很多产业园区早期就是十平方公里，后来越来越大，现在有一些开发区都做到几百上千平方公里，不是靠单位土地的产出效率，而是靠土地的平面扩张来支撑经济增长。

3. 中国城镇化中的不协调

中国城镇化中的不协调主要表现在四方面。一是城乡发展不协调，城乡收入差距较大。2012年城镇居民人均可支配收入和农村居民人均纯收入之比是3.13∶1，这在世界上是很高的。而且，中国城镇居民的可支配收入和农民纯收入是不完全可比的。农民纯收入中有相当一部分是农民自己生产自己消费的实物收入，如粮食、蔬菜，除了这一部分，剩下的现金收入中还有相当一部分要购买农业生产资料。假如把这两部分剔除以后，中国城乡居民收入的实际差距应该在五到六倍，差距很大，在西部地区差距更大。城乡收入差距大，这和中国的发展阶段有关系，目前欧美的城乡差距已很小，农村居民的收入大都高于城市，贫困人口主要集中在城市。

二是城市内部新二元结构的出现。目前城乡二元结构还没有得到根本解决，又出现了城市内部新的二元结构，如城中村、棚户区现象，还有城市原住民和农民工之间的差距。前一段时间我参加亚洲银行和国务院扶贫办举办的“亚洲城市贫困与包容性城市研讨会”，大家也在讨论这个问题。虽然中国没有像印度、拉美国家那样出现典型的城市贫民窟，但是城市的贫困问题、城市内部二元结构问题日益凸显，也需要我们尽快加以解决。

三是土地城镇化快于人口城镇化。2001~2010 年，全国城镇人口平均每年增长 3.85%，但是城市建设用地面积平均每年增长 6% 左右，也就是土地扩张的速度几乎是城镇人口增长速度的两倍。

四是人口与产业集聚不协调。很多地方都希望大规模集聚产业，却不希望外来人口在当地安家落户。由此带来一个结果，就是人口和产业不协同地集聚，导致城乡区域差距较大。从日本、美国、欧盟国家的经验来看，人口和产业分布基本协调，如果以人口份额和产出份额做一个散点图，可以看出散点都在 45 度线附近，这说明城乡区域差距比较小。但是，中国远远偏离了 45 度线，无论是大城市还是城市群，目前都在高度集聚产业，却不愿集聚人口。可以想象，要是福建省产业都向福州大都市区和厦漳泉集聚，但是人口不集聚，福建的沿海和其他地区的差距会越来越大。要是产业都向中心城市集聚，但是人口分布不发生变化，中国的城乡差距会越来越大。人口和产业分布必须协调，不能光要产业不要人，否则差距无法缩小。

三 当前中国已进入城镇化战略转型期

从国际经验来看，城镇化率达到 50% 是一个重要的转折点。2011 年中国城镇化率已经越过 50% 的拐点，达到 51.27%，这说明当前中国城镇化正处于一个重要的战略转型期。但是，目前学术界对未来中国城镇化的速度和趋势还存在一些争论。

一是加速论。认为未来中国的城镇化还要进一步加速，城镇化率年均提高幅度至少在 1 个百分点以上，甚至有可能超过 1.4 个百分点。

二是冒进论。有学者认为，目前中国的城镇化速度过快，出现了城镇化的大冒进。所以应该适当控制速度，未来中国城镇化速度的合理区间应该是 0.6~0.7 个百分点。

三是适度论。中国城镇化率已经超过了 50%，未来的城镇化虽然还是快速推进，但是由于越过了 50% 的转折点，所以城镇化将由加速推进向减速推进转变。未来城镇化的速度必须适度，在 2030 年前全国城镇化率年均提高幅度应保持在 0.8~1 个百分点。这种观点，我们可以从理论上和国内外经验来说明。从城镇化演变历程看，城镇化率 30%~70% 属于快速时期，而不完全是加速时期，50% 是拐点，其中，30%~50% 是加速期，50%~70% 是减速期。

从美国的城市化进程来看，美国的城市化率在 30%~50% 的时候平均每年提高 0.58 个百分点，50%~70% 的时候平均每年提高 0.47 个百分点。美国的城镇化过程比较慢，其城镇化率由 30% 提高到 50% 花了 40 年，英国花了 50 年，而中国仅花了 15 年时间就实现了。从沿海地区来看，目前东部发达地区的城镇化已经出现了放慢的趋势。譬如，浙江 1985 年到 2000 年城镇化率在 30%~50% 的时候，平均每年提高 1.37 个百分点，而 2001 年到 2011 年平均每年提高 1.05 个百分点，目前浙江省城镇化率刚过 60%，还没有达到 70%，要是达到 70%，我估计这个速度还得降。一个比较特殊的情况是江苏省。1994 年到 2005 年，江苏省城镇化率在 30%~50% 的时候平均每年提高 1.75 个百分点，2006

年到2011年还在加速，平均每年提高1.97个百分点。这是因为江苏过去的城镇化水平比较低，这主要和江苏的发展模式有关。

改革开放以来，中国的区域经济发展有三大模式，珠三角靠外向型经济，温州主要靠民营经济，苏南地区主要是靠乡镇企业。20世纪80年代，苏南地区依靠乡镇企业的发展拉动经济快速增长，当时有一个口号叫作“离土不离乡”“进厂不进城”，其结果是村村点火、户户冒烟。从理论上来讲，这种模式就是工业分散化、工业农村化、工业非园区化、工业非城镇化的发展道路。后来苏南地区意识到这一点，所以从90年代起，开始探索工业园区建设和“造城”的问题，并总结出了“三个集中”。在早期的工业乡村化背景下，江苏省的城镇化相对于工业化一直是严重滞后的，直至今日，江苏的城镇化仍在加速推进，这带有一定的补课性质。

从发展的眼光来看，中国的城镇化未来仍处于快速推进时期，但推进的速度将由加速向减速转变，城镇化的速度将会逐步减缓。最近，我们采用三种不同的方法对城镇化水平进行了预测，最后采取综合的方法得出了结论。我们估计2015年中国城镇化率将达到55%左右，2020年中国的城镇化率将在60%左右。城镇化率达到60%以后，可以说中国将进入中级城市型社会。到2030年中国的城市化率将达到68%左右。根据我们的研究，在2033年前后，城镇化率将达到70%左右。也就是说，在2013年到2033年，中国的城镇化还有20年的快速推进空间，这个快速推进是由加速向减速的推进。进入2033年以后，中国的城镇化将进入缓慢推进的后期阶段。

中国各个地区发展阶段、资源禀赋、经济社会发展差异很大。从不同地区来看，今后将会出现不同的发展格局。东部地区虽然是快速推进，但是增速在减慢，中西部一些地区目前城镇化率只有40%左右，仍处于加速时期。在这种大背景下，未来中国的城镇化重点应该是全面提高城镇化质量。目前《国家新型城镇化规划》已把推进城镇化战略转型，全面提高城镇化质量作为城镇化的主线。虽然未来城镇化仍会快速推进，但重点应该是全面提高城镇化的质量，这就需要把城镇化快速推进与质量提升有机结合起来，推动城镇化战略转型。这种战略转型是综合的、多方面的。过去是速度型的城镇化，大家只强调速度，不重视质量，未来肯定是质量型的城镇化。中央经济工作会议提出走新型城镇化道路，实质上就是从传统的城镇化向新型城镇化转变，这就要求从粗放型向集约型转变，从城乡分割型向城乡融合型转变，从非绿色高碳向绿色低碳转变，从投入驱动向创新驱动转变。

我们曾经做过测算，过去中国经济的高速增长主要是靠投入驱动，尤其是西部和东北地区，投资对GDP增长的拉动甚至超过70%。另外就是靠资源拉动，西部一些地区主要靠能源矿产资源拉动。沿海地区，尤其是珠江三角洲主要是靠劳动力投入。有人做过调查，自改革开放一直到前些年，20多年的时间，物价在涨，原材料也在涨，但是珠三角农民工的工资就是没有涨，最近几年上涨很快，带有恢复性质。未来我们需要更多依靠创新来驱动增长。这里讲的创新驱动包括四个方面：一是科技的创新，二是制度的创新，三是管理的创新，四是品牌的创新。从产业的驱动力来看，过去是靠工业来拉动，未来将依靠工业和服务业来拉动，服务业在拉动城镇化中起的作用越来越重要，这也是一种转变。此外，还要解决市民化问题，从不完全的城镇化向完全的城镇化转变。

未来中国城镇化的重点是全面提高城镇化质量。那么什么是城镇化质量？从理论上来讲，城镇化的质量与城镇化的数量相对应，是反映城镇化优劣程度的一个综合概念。城镇化不光是城市的问题，必须把城与乡结合起来统筹考虑，城镇化质量是城镇化各构成要素和所涉及领域质量的集合。城镇化质量可以从不同的角度来进行分类。我认为，城镇化质量包括三个方面：一是城镇发展本身的质量，二是城镇化推进的资源消耗和环境代价，三是城乡协调程度，推进城市的发展不能以牺牲农业农村为代价。从构成的要素来看，可以分为人口城镇化质量、经济城镇化质量、社会城镇化质量和空间城镇化质量。

2013 年 3 月我们和《中国经济周刊》联合发布了全国 286 个地级及以上城市的城镇化质量评估报告。我们认为，中国的地级市是一个区域，确实存在城镇化质量问题，我们从城市发展质量、城镇化效率、城乡协调程度三个方面来进行评价，这还是一个初步的评价。因为这个评价有一个缺陷，就是由于统计数据的缺乏，在实际评估中没有把市民化的指标放进来，所以实际评估的结果是，广东省有一些城市的城镇化质量指数偏高，但实际上广东省市民化进程严重滞后。把福建的地级市拿出来比较，总体来看，福建省的城镇化质量还是比较好的，在 286 个地级及以上城市中，福建的大部分城市都在 120 位以前，泉州的城镇化率排在第 82 位，城市化质量指数排在第 63 位。相比较而言，泉州的城市发展质量指数是相当高的，排在第 28 位，但城乡协调指数有一些靠后，排在第 148 位，这就影响了综合指数，因为综合指数是按照各分项指数加权得出的。

未来城镇化质量提升的路径包括三个方面。一是着力提高城市发展质量，塑造城市特色，提升城市品质，提高城市化效率，强化城市管理，更加关注民生和社会问题，通过这些措施来提高城市的发展质量。二是减少城镇化推进的成本，降低城镇化的资源和环境代价，提高单位土地产出效率。三是构建融合共享的城乡关系，推进城乡融合发展，加快推进进城农民的市民化进程。

提高城镇发展质量的关键点就是提高城市品质和突出文化特色。现在的城镇是千城一面、千镇一面，缺乏个性和特色。过去很多城市老城改造，把有文化内涵的东西都拆了、破坏掉了，新城的建设都是照搬欧美，没有文化内涵，而且城市和乡村没有差别，这就是缺乏特色。关键就是我们没有把文化充分挖掘出来，没有把文化融入经济社会发展中，融合到城市的规划建设中。文化应该是城市的生命和灵魂，是彰显城市个性、提升城市品质的核心和关键所在。如何把文化的因素、要素、内涵融合到城镇化建设中去？可从以下几个方面展开。

一是五统一。就是要将现代文化与传统文化、外来文化与本土文化、市政文化与市民文化、文化形态与文化精神、文化保护与文化开发有机地统一起来。

二是全过程。通过文化的保护、挖掘、传承、创新，将城市文化特色体现在城市规划、建筑景观设计、城市建设和管理之中。比如，每一栋建筑怎么体现我们的文化？我们的闽南文化怎么在建筑中体现出来？每一栋建筑应该是不一样的。

三是多领域。我们要把城市文化因素融合到经济、社会和生态建设的各个领域。目前文化和经济社会发展仍是两张皮，文化与城市建设没有很好地融合。过去说重视文化，最后只是搞了一些文化创意园区，把城市文化塑造等同于单纯发展文化创意产业，这是一个误区。城镇化进程中文化古迹、历史街区、古村落的保护很重要，更重要的是新区建设中怎么把文化因素体现出来。比较有代表性的是贵州贵安新区，他们把贵州民族文化特色融合到新区的建筑中，包括建筑的设计，把文化的因素融入进去，通过外墙、屋顶、颜色、风格等突出民族文化特色。

四　走中国特色的新型城镇化道路

1. 关于中国的城镇化道路

十六大报告提出走中国特色的城镇化道路，十七大报告把中国特色的城镇化道路作为中国特色社会主义道路的五项基本内容之一。2013年中央经济工作会议又提出新型城镇化概念，明确要走集约、智能、绿色、低碳的新型城镇化道路。一个是走中国特色的城镇化道路，一个是走新型城镇化道路，这二者并不是相互分割的，而是有机联系的整体。

随着工业化的推进和社会的进步，过去传统的城镇化模式也可能具有“中国特色”，但未必都符合时代的潮流和科学发展观的要求，所以我们必须走新型城镇化道路。走新型的城镇化道路，不能照搬国外的做法，欧美的某些新型城镇化做法未必适合中国，所以新型城镇化也必须符合中国的国情。美国的城镇化都是 house（住宅）蔓延开去，建筑耗能、家庭耗能非常高，占地面积大。中国人多地少，这种模式肯定不适合中国，所以这两种模式必须结合起来，走具有中国特色的新型城镇化道路。福建省应该走具有福建特点的新型城镇化道路，泉州应该走具有泉州特点的新型城镇化道路。中央经济工作会议对新型城镇化提出了八个字“集约、智能、绿色、低碳”，这八个字是新型城镇化的主要特征，但并非它的全部内涵。我认为，走中国特色的新型城镇化道路，应该是一种以人为本、集约智能、绿色低碳、城乡一体、四化同步的中国特色新型城镇化道路。

2. 关于新型城镇化的战略导向

什么是新型城镇化？它是相对于传统的城镇化提出来的，是与传统城镇化相对应的，应该符合科学发展观的精神。我以为，新型城镇化具有丰富的内涵，其核心是人的城镇化，或者是以人为核心的城镇化，就是要坚持以人为本，把人民的利益作为根本出发点和落脚点。所以我把以人为本放在最前面。

以人为本强调的就是六个字：平等、和谐、共享。一是平等，要对农民工、外来移民实行同等待遇，但目前我们还做不到。一些特大城市某些职业连就业都要有城镇户口，没城镇户口就有限制，户籍限制本身就是一种不平等，就是一种歧视。二是和谐，包括城乡和谐、城市内部的和谐。三是共享，包括资源共享、成果共享。比如，在沿海某些地区，集聚了来自中西部的大量农民工，他们参与了当地的工业化和城镇化建设，却不能在此安家落户，不能更多分享自己创造的劳动成果，这实际上是一种共建不共享的做法，我们希望农民工参与共建，却不希望他们来共享。所以，以人为本的城镇化核心就是平等、和谐、共享。在这种理念下，我们必须改变过去那种要地不要人、要人手不要人口的做法，必须在城镇化的过程中同步推进市民化。

3. 关于新型城镇化的多元模式

新型城镇化的模式应该是多元化的，不同的地区、城市由于发展条件、发展阶段不一样，新型城镇化模式应该是多样化的。但总体来看，可以归纳为四种模式，即集约型城镇化、绿色城镇化、和谐型城镇化、城乡融合型城镇化。欧洲有一种模式叫紧凑型城镇化，紧凑型城镇化主要是从土地集约节约利用角度提出的，应该是一种集约型的城镇化。现在气候变化问题很热，所以又有一种低碳型的城镇化。因为低碳就是减少碳排放，碳排放是能源的消费问题，实际也是一个能源的节约问题，所以低碳型城镇化也是一种集约型的城镇化。

不同的地区对新型城镇化的理解也不一样。目前，各个地区都在寻求突破，都想做出一些创新和特色来。比如，河南省目前在大规模推进新型农村社区建设，想把新型农村社区作为新型城镇化的一个突破口。我觉得，农村新型社区建设不等于新型城镇化，农村新型社区有两种不同的结果。假如建立了新型农村社区，但社区居民还主要从事农业，则其身份还是农民，没有变为市民，只是一个农村的社区，事实上只是社会主义现代化的新农村。假如新型农村社区居民从事了非农产业，已经变为市民，同时通过体制创新，管理模式、生活和消费方式也发生了改变，这样才可以说是新型城镇化的一部分。

4. 坚持四化同步推进城镇化

目前中央十分强调，要坚持四化同步，即工业化、信息化、城镇化、农业现代化同步发展。这一思想是在总结过去的经验教训时提出来的。比如，过去珠三角、长三角曾经是国家粮食主产区，改革开放以来工业化、城镇化的快速推进，导致耕地大量减少，粮食产量下降，农业现代化没有得到应有的重视，结果由过去的粮食主产区转变成粮食主销区，这样就把保障国家粮食安全的重任转移到了东北和中西部地区。假如东北和中西部地区也采取这种方式，把工业化、城镇化建立在大量减少耕地、牺牲粮食和农业的基础上，中国 13 亿人的粮食安全靠谁来保证？这肯定是不行的。当然，如果把耕地都用来搞房地产、盖厂房效益肯定更高，但从国家利益和安全角度来看，绝不能以牺牲耕地、粮食和农业为代价来推进工业化和城镇化。所以河南省在编制中原经济区建设规划时，率先提出工业化、城镇化的推进不能以牺牲耕地、粮食、生态环境为代价，要工业化、城镇化和农业现代化三化同步。后来中央又把信息化加入进来，提出要坚持四化同步发展。

四化同步具有丰富的内涵，新型工业化为城镇化提供了重要的产业支撑，城镇化如果没有产业支撑就没有就业机会。大量的农民进入城市，没有就业机会和产业支撑，可能就会带来一系列的社会问题。当然，工业发展不能遍地开花，一定要走园区化的道路。工业化应该“化”在城镇里，所以城镇化为工业化提供了重要的空间载体。农业现代化是基础，也是前提条件，农业不单纯是保障国家的粮食安全，不单纯是提供农产品，它还具有重要的生态功能。不管是新型工业化、城镇化还是农业现代化，都应该建立在信息化的基础上，都应该以信息化为手段，所以信息化是一个手段。工信部已经搞了两化融合，即工业化跟信息化融合，但光有两化融合是不够的，工业化跟信息化融合，城镇化、农业现代化也应跟信息化融合，所以应该是四化融合。

5. 城乡发展要实行差异化

城镇化绝不能以牺牲农村为代价，城市的繁荣不能建立在农村衰落的基础上。前些年一些地方提出要消灭农村、消灭农业，这是错误而有害的。目前沿海有些大都市区搞成水泥地连成一片，把城市变成了钢筋水泥森林，现在我们收入水平还不高，老百姓还没有太多的钱，可能觉得这样很好，城市有密集的高楼大厦，有 GDP 增长，有财政收入，一旦我们的子孙后代有了钱以后，就会感到缺乏生态空间和休闲空间，所以城乡发展要差异化。要使城市让生活更美好，农村让城市更向往，因为有美丽的乡村，美好的环境，让大家更向往。这样就需要保持“三生空间”，即生产空间、生活空间和生态空间比例的协调。

在研究主体功能区规划和全国国土规划时，我曾经提出要实行两个控制，即开发强度应该有一个天花板，而生态空间应该有一个底线。

五　构建科学合理的城市化格局

1. 目前中国城市化格局存在严重的失调，所以十八大报告提出要构建科学合理的城市化格局

在十八大报告中，只有这一个地方使用的是城市化，其他地方均使用城镇化概念。后来，中央经济工作会议把这个“化”去掉了，叫构建科学合理的城市格局。这种格局主要体现在两个方面，一是规模格局，二是空间格局。规模格局就是重点发展大城市还是中小城市，形成什么样的城镇规模结构。过去有学者说中国搞城镇化，搞几个大都市圈就可以了，还有学者说主要搞小城镇。对泉州来说，我们是把未来新增城镇人口都集中在泉州中心城区，还是主要靠特色中心镇吸纳，或者大中小城市和小城镇协调发展，这就是规模格局。对空间格局学界也有不同的看法。什么叫科学合理？我以为包括两方面内容：一是资源环境的承载能力，一是城市人口吸纳能力。很多小城市有资源环境的承载能力，但由于没有产业支撑，缺乏人口和就业吸纳能力。而像北京等特大城市，有强大的人口吸纳能力，但却缺乏资源环境承载能力。所以应该从资源环境承载能力和人口吸纳能力两个方面来看城市化格局是否科学合理。

目前中国的城市化格局是不协调的，主要是规模失调和空间失调。规模失调表现为北京、上海等特大城市急剧膨胀，而小城市尤其是中西部小城市、小城镇不断萎缩。空间失调表现为沿海珠三角、长三角等城市群日益逼近资源环境承载力的极限，而中西部城市由于缺乏产业支撑，人口和就业的吸纳能力不足。

2. 未来要构建科学合理的城镇化空间格局，必须实行多中心网络开发战略

所谓“多中心”，就是要构筑世界级、国家级和区域级三级城市群体系。在世界级城市群中，主要是珠三角、长三角、京津冀城市群，2030年以前长江中游城市群也有条件建设成为世界级的城市群。此外，还有一批国家级的城市群，包括海西城市群等。所谓“网络开发”，就是构建“四纵四横”的重点开发轴线体系。“四纵”就是沿海、京九、京广、包头到西安到南宁，“四横”就是沿长江、陇海兰新、沪昆、青岛到太原到西宁。

从福建的情况来看，海西城市群发展的速度很快。福建在“十二五”规划中提出要构建两个大都市圈（区）：一个是福州大都市区，一个是厦漳泉大都市圈。未来福建城市化空间格局就是“一带、两圈（区）、五区、三个一体化”。“一带”就是沿海城市带；“两圈（区）”包括福州大都市区、厦漳泉都市圈；“五区”就是宁德、南平、三明、龙岩、莆田五个都市区；“三个一体化”，首先是两个大都市圈（区）内部的一体化，然后是沿海城市带的一体化，在此基础上还要推进海西城市群的一体化。从这两个大都市圈（区）来看，应该构建网络化生态型都市圈，各个中心通过大容量的轨道交通、快速交通体系连接起来，这样才能提高城市化质量。从全国范围来看，中西部地区将是加快推进城镇化的主战场，因为这些地区的城镇化水平还比较低。

构建科学合理的城市化规模格局，主要是因为目前城镇规模结构不协调，出现了两极化的倾向。这些年来大城市的数量、人口比重都在不断增加，中小城市的数量、人口比重却在下降。从理论上讲，城市的规模结构是金字塔形的，中小城市数量多，人口比重大，但现在快要倒过来了。有关部门也看到了这个问题，所以提出提高城市的规模等级，即把小城市提高到50万人，中等城市提高到50万~100万人，大城市提高到100万~500万人，特大城市提高到500万人以上。对此我不太赞同，这样会带来一些负面影响。虽然从统计上看标准提高之后大中小城市好像“协调”了，但它并没有从根本上改变城市规模结构两极化的本质，而且会进一步加剧大城市的规模膨胀趋势。

3. 未来中国的城镇化应该是大中小城市和小城镇协调发展，新增进城人口需要依靠大中小城市和小城镇来共同吸纳

从2006年到2011年，全国新增城区人口的74.2%是靠50万人以上的大城市来吸纳的，100万人以上的特大城市占了一半，小城市则在萎缩。我以为，今后国家应对400万人以上的特大城市实行严格的人口规模控制。根据我们的研究，未来50万~100万人的大城市和中小城市吸纳人口的比重将会增加，而100万人以上的特大城市吸纳人口的比重将会下降，建制镇吸纳的比重也会下降。为什么建制镇吸纳的比重会下降？这是因为自1997年冻结县改市之后，中国城市的数量不但没有增加，还减少了。按2009年的数据，全国20万人以上的建制镇有14个，10万到20万人的有178个，5万到10万人的还有619个，如果启动设市工作，将有一批符合条件的建制镇转变为中小城市，这样中小城市将会成为吸纳新增城镇人口的重要载体，而建制镇的吸纳比重则会下降。

今后推进城镇化，重点是抓两头，一头是抓大都市区和城市群，另一头是抓中小城市和小城镇。城市群里有大城市，有中小城市，还有小城镇。据测算，未来城市群将集聚60%左右的城镇人口。

六　市民化是提高城镇化质量的关键

1. 近年来中国外出农民工规模迅速增长，2012 年达到 1.63 亿人

2002 年以来，全国每年新增加外出农民工都在 600 万人左右，增长很快。目前农业转移人口数量很大，农民工总量达到 2.6 亿多人。2012 年，全国户籍人口城镇化率是 35.29%，常住人口城镇化率是 52.57%，二者的差距扩大到了 17.3 个百分点，这表明统计在城镇常住人口中的农业转移人口达到 2.34 亿人。目前城镇常住人口中有大量农业户口，而且城镇化的快速推进主要是靠城镇常住农业户口人口来推动的。我们做了一个测算，从 1978 年到 2010 年，全国城镇化率提高了 31.76 个百分点，其中城镇农业户口人口贡献了 18.12 个百分点。假如把城镇农业户口人口的贡献剔除的话，全国的户籍人口城镇化率只提高了 13.64 个百分点，平均每年只提高 0.43 个百分点，比世界平均水平还要低。所以，中国的城镇化主要是常住城镇的农业户口人口，也就是农业转移人口来推动的。最近我们对农业转移人口的市民化程度做了测算，结果发现，农业转移人口市民化程度只有 40% 左右。也就是说，目前农业转移人口只享受了城镇居民 40% 左右的各项权益。

2. 推进农业转移人口市民化是一项长期的艰巨任务

之所以任务艰巨，主要有两个方面原因。第一，需要市民化的农业转移人口的数量很大。我们采取多种方法进行测算，最后的结论是：到 2012 年全国需要市民化的农业转移人口存量是 1.9 亿人左右。假如到 2030 年城镇化率达到 68%，剔除城镇新增加的人口，并考虑市民化意愿，需要市民化的农业转移人口增量是 2 亿人左右，这样在 2030 年以前需要市民化的农业转移人口总计达 3.9 亿人。第二，市民化的成本高。根据我们的测算，农民市民化人均公共成本全国平均是 13 万元，其中沿海 17.6 万元，中部 10.4 万元，西部 10.6 万元。其中，需要在短期内集中投入的为 2.6 万元，另外每年还需要投入 2400 元。当然农民自己也要投入，比如说购房等。

面对较高的市民化成本，当前应该建立一个多元化的成本分担机制。我们做了一个测算，假如我们要在 2025 年解决农业转移人口的市民化问题，平均每年需要消化 1400 万人，加上新增城镇人口，每年共需解决 2500 万人。按人均一次性投入 2.6 万元计算，政府需要负担的市民化成本为 6500 亿元，约占 2012 年全国公共财政收入的 5.5%。从政府财政支出的角度来看，在 2025 年前基本解决农业转移人口的市民化问题将是可行的。目前，国家已经提出在 2020 年前解决 1 亿农业转移人口落户城镇的问题。我以为，推进农业转移人口市民化应该采取双轨制：一方面对有条件的要先解决他们的落户问题，这种解决落户问题的做法并没有突破城乡二元的户籍制度框架；另一方面是推进基本公共服务均等化，逐步剥离户籍制度中隐含的各种福利和权利。户籍制度改革的关键是建立城乡统一的社会保障制度和公共服务制度。假如这两项制度能够建立的话，解决市民化就好办了。如果在 2020 年能够实现基本公共服务均等化的目标，那么在 2025 年之前解决市民化问题应该是可行的。之后，市民化跟城镇化就应该同步了，不能到了 20 年、30 年以后，还要来解决农民工的落户问题，显然这不是一个建立长效机制的办法。

3. 较高的市民化成本，对农民工来说是一个很重要的门槛

如何降低市民化的成本门槛？我以为，就是要把农村产权制度改革跟市民化有机地连接起来。农民在农村有宅基地、承包地等，这些资源现在跟农民进城还是脱节的。我觉得应该把二者连接起来，当前应加快农村产权制度改革，在确权登记发证的基础上，通过农村产权的交易，使农民在农村的资源转变为资本，再转变为可以抵押、带走、兑现的资金，让农民带着资本进城，由此分担其市民化的成本，只有这样才能加快市民化的进程。带资进城有两个问题需要研究：一是土地的级差地租，这些地租是完全由农民来分享，还是政府也应参与进来，分配问题是很重要的；二是地区差异很大，北京、上海、厦漳泉一亩地价格很高，但在贵州、西藏就不值钱。这种级差地租的差异是否会带来新的地区不平等，怎么来解决这个问题，这也需要探讨。此外，还需要建立一个农民自主、市场主导、政府引导的市民化实现机制。

七　关于泉州现象与全面转型问题

过去我在其他地方讲课的时候曾讲过这样一个案例，在区域发展中可以看到两种典型的现象。比如温州、泉州，虽然资源比较贫乏，没有什么自然资源，土地不算太多，但是发展速度很快，经济（社会）较为富裕。我把这一现象叫作贫乏的富裕，虽然自然资源比较贫乏，但是经济上比较富裕。西部的一些落后地区，比如贵州，自然资源很丰富，但是经济上很落后，有人把它叫作富饶的贫困。怎么来解释这种经济发展与资源禀赋之间的悖逆现象？关键就是生产要素可以分为低级要素和高级要素。贵州拥有的是低级要素，但缺乏高级要素，如人才、技术、观念、品牌等来把这些低级要素有机地整合起来转变为现实的生产力。温州、泉州虽然缺乏低级要素，由于文化底蕴深厚，过去很早就是港口，观念、制度、营销技术以及对品牌的重视，使得其能够在全国甚至在世界整合资源、组织资源，因而能够实现较快的发展。任何一个地区的发展，都必须充分挖掘高级生产要素的作用。

当然，也应该看到，经过这些年的发展，目前温州、泉州以及珠三角、厦漳泉等地区，已经积累了诸多矛盾和问题，需要加快转型升级步伐。可以说，这些地区已经进入了全面转型升级的新阶段。从泉州的情况来看，现在应该着重考虑三重转型。

1. 工业化转型

根据我们的研究，当人均国民总收入在5000美元以下的时候，工业增加值和就业比重是不断增加的，工业化快速推进；在5000~10000美元的时候，主要是提高工业化的质量，工业增加值和就业比重相对稳定；超过10000美元的时候，开始进入逆工业化阶段，工业增加值和就业比重趋于下降，服务业的比重不断提升，制造业有可能转移到外面。目前泉州人均GDP为9000美元左右，今后的主要任务是提高工业化的质量，加快产业升级，逐步向高端化、服务化、品牌化方向发展。在品牌化方面，泉州和晋江做得不错，比沿海有些地区做得要好。

2. 城镇化转型

目前泉州城镇化率已达到60.4%，单纯从城镇化率这一指标来看，已经进入中级城市型社会，今后重点是全面提高城镇化质量。在现有水平下，未来要达到年均提高一个百分点以上很不容易，不应该追求数量，而应该全面提高城镇化质量。

3. 城市转型

泉州经济总量大，主要是下面的县域经济搞得好，县域经济搞得好是因为产业集群搞得好。但是，作为一个区域性中心城市，作为厦漳泉大都市圈的重要组成部分，泉州的中心功能和城市品质还需要进一步提升。怎么来凸显个性和文化特色，怎么把闽南文化融入“三旧”改造、老城区改造，也融入新区的建设中，我觉得还有很长的路要走。

由于时间的关系，今天就讲到这里。

互动交流

1. 如何看待城镇化中由于农民进城出现了很多问题?

【听众提问】：

魏教授，你好！你刚才讲城镇化中由于农民进城出现了很多问题，城镇化进程中出现了贫富差距、资源浪费、环境污染等问题，城市发展存在的这些问题，它的原因在哪里？如果解决这些问题，它的突破口在哪里？

【魏后凯】：

这个问题问得好。现在城镇化进程中存在很多问题，尤其是粗放型的城镇化，这些问题并不是城镇化本身的问题，而是由于城镇化的过程中我们采取了一种粗放的发展模式。因此，不能因为这个来否定城镇化。如果要解决这个问题，就需要提高城镇化的效率，其关键就是提高城镇的发展质量，减小城镇化的成本与资源环境代价。而要解决这个问题难度很大，它涉及一系列的体制、考核机制等方面的因素。比如说体制问题，这个问题不解决就很困难。尽管北京、天津缺水，但前些年京津高耗水企业拼命扩张，原因就在于用水价格非常低。虽然从外地调水包括南水北调的成本很高，但这种成本是靠全国人民分摊的，这反映了资源价格的机制没有形成。假如把南水北调的成本都分摊进去，京津高耗水产业还能拼命扩张吗？针对现在大量的消耗资源等问题，需要采用阶梯价格等方法来解决。

此外，考核机制也得改变，要把资源的消耗、生态保护、“三废”排放等纳入 GDP 核算和考核指标体系中去。比如，在城市建设中，由于部门分割、多头管理，各种管线的铺设，每一个部门都挖开，挖开以后再填上，另一个部门又挖开，再填上，挖一次填一次都是 GDP。这就是资源的浪费，资金的浪费，人力的浪费，还带来一系列的问题。要从根本上解决这一问题，关键是体制机制的创新。如果合理的考核和价格机制形成后，自然就会形成资源节约的局面。现在城市单位土地产出效率很低，今后应主要靠挖掘潜力来提高土地的产出效率。

2. 如何解决城市内部的二元结构问题？

【听众提问】：

您好！我想请教一个问题，城市里的二元结构问题，在厦门表现得比较明显，上个月厦门的 BRT 事件就是城市中贫穷市民的极端表现。对于解决城市内部的二元结构问题，有没有什么想法呢？

【魏后凯】：

城市二元结构现在也有争论，大家都在研究。中国的城镇化有一点可以自豪的，就是没有出现印度、拉美国家那样的城市贫民窟，但是现在城市贫困人口越来越多。我认为，未来中国贫困问题的难点和重点将会逐步由农村贫困向城市贫困转移。之前我曾向有关部门建议，要把城市贫困和农村贫困统筹起来考虑，但有人认为现在农村的扶贫还没有完全解决，而且要统筹的话会触及诸多部门的既得利益，国务院扶贫办只是管农村的贫困问题，城市贫困问题缺乏统一的标准，而且是多头管理。这里，有几个问题需要解决。

一是棚户区问题。2008年以来，全国已经改造了各类棚户区中的1000万户，今后5年还将改造各类棚户区1000万户。如果不对棚户区进行改造，长年累积下去，则有沦为贫民窟的危险。

二是城中村、城市边缘区问题。对于这个问题，要分开看。在北京的城中村，本地农民很有钱，真正没钱的是住在里面的外来农民工。城中村改造和城市边缘区的整治，主要是提高环境、治安和城镇化质量，不改造的话城镇化质量肯定上不来，社会治安也成问题。

三是低收入群体和贫困群体问题。典型的就是农业转移人口，这是难度最大的地方。市民化分为两块，一是本地农民的市民化，这是农改居的问题。在一些特大城市，农民的积极性不是很高，改得不彻底，也是老大难问题，因为要求不一样。二是外来农民工市民化，这是今后市民化的重点和难点所在。

难度最大的还是地方政府，目前大城市的地方政府积极性不高，因为它承担的实现市民化的外来农民工比较多，另外就是沿海地区的地方政府。有的城市是外来人口比户籍人口还多，如果按常住人口计算，一些人均指标要下降一半多。而且，这些城市产业层次较低，"三来一补"比重大，产业也不稳定。尤其是港澳台企业，更多的是看重优惠政策。要是现有的产业转移走了怎么办？这也需要认真考虑。像IT产业的转移，为什么会从东莞转移到苏州的昆山？就是因为那边的优惠政策到期了，加上昆山这边的争取和优惠，大批台资企业就过去了。

何祚庥简介

何祚庥　现为中国科学院院士，北京大学科学与社会研究中心兼职教授、科学技术哲学专业博士生导师，中国科学院理论物理研究所研究员、理论物理专业博士研究生导师，中国自然辩证法研究会副理事长，中国无神论学会副理事长，第八届、第九届全国政协委员，是氢弹理论的开拓者之一，也是中国两弹研制参与者之一。

何院士早期从事粒子理论、原子弹和氢弹理论的研究，对伪科学、邪教的口诛笔伐以及对经济、社会问题以独特的视角观察得出的结论使之成为“曝光率”颇高的新闻人物。由于他在自然科学和社会科学两方面的杰出成就，被称为“两栖院士”。

福建新能源问题与泉州发展战略

何祚庥　　2013年9月11日

最近我们都很关注中国发展的问题，中国怎样能够又好又快地发展？习总书记和李总理希望科学院为国家的发展问题献计献策。我们最近关心的问题是区域经济。加速中国的发展还要多一只手，一般发展经济要两只手，一个是看不见的手，还有一个是看得见的手，看不见的手是指市场，泉州的市场是很活跃的，另外还有来自中央政府强有力的领导，这是一只看得见的手。中国太大了，而且不同区域的情况千差万别，国家统一考虑全局时，往往对区域的特点有所忽略。所以我主张地方部门也多伸出一只手，伸出“第三只手”。现在要讨论的，是第三只手究竟是以市为单位、以省为单位，还是以某一区域为单位。这就要看具体情况，看当地的省情、区情。总之，现在是多了一个思维模式，不仅要关注全局，还要关注地区特点，关注各个区域怎么发展。也可以是许多有共性的区域的联合发展，如京津唐，现在的京津唐已扩大到河北省的沧县等地区，甚至还有人倡议建立环渤海湾经济区。福建省是一个很大的单位，而且和台湾靠得很近，如果纯粹从自然地理角度来划分区域的话，福建省和台湾地区理应同属一个区域。这是福建地区一个很大的特点。新疆的发展模式就完全不能和福建一样。

福建地区有一个很大的优点，福建发展新能源有非常好的优势，这是指地理优势。一般人不太关注。新能源主要是太阳能、风能。福建的风能还不错，但台风太厉害了，太靠近海风能获取有一定的困难。福建省的另一优势是太阳能。可福建下雨多，所以福建的太阳能比起干旱地区要差一些，但比四川成都还是好一些，属三类地区。但福建省的太阳能其实还有一个很大的往往为人们所忽略的优势，这个优势就是福建省距离大量用电中心比较近。我们前一段时间讨论太阳能问题时，往往主张到青海、西藏去，那里的太阳能资源好，和福建比，比福建每年的发电量多40%。但还有一个用电中心问题，用电中心是华东、华北、华南。不要说新疆，从青海把太阳能发的电运到华北，成本就很高。但过去不懂，不懂得发展太阳能还要考虑输电的因素，很容易觉得太阳能资源好，就应该大力发展太阳能。问题是太阳能发电出来以后，在当地用不掉，只能送出去，但是输电成本极高。青海太阳能发电一年能发2000多小时，但是输电线是按8000小时来计算它的输电成本的，一年到头都要算，你不输送电能时的“空缺”也要计入成本。所以输电的费用是通常输电成本的4倍，特别高。最开始还不懂这个问题，现在看来布置在偏僻地区不见得很对。虽然在下雨很多的地方太阳能资源不算太好，但由于福建省地处亚热带，太阳能资源仍属前列。中国的太阳能资源在全世界都属于一流，国土面积中96%的区域都可以利用太阳能。福建的太阳能并不比德国差，德国的太阳能也是属于三类地区，它可能还赶不上福建，因为天气没有福建热。

太阳能的特点是：有太阳有能，无太阳无能。你要用电的时候它下雨，不下雨时，可能发电过多，所以必须解决调峰的问题。最佳的配合单元就是抽水储能电站。福建有一个优点，“八山一水一分田”，丘陵地区高低起伏，特别适合做储水储能电站。另外，福建的雨量特别丰富，水特别多。有一些地方有高山峻岭，有地形但缺水，仍然做不成抽水储能电站。在全世界范围内，你们福建省有一特大优势，能做大型、超大型或特大型抽水储能电站。在全世界的其他地区也找不出几个，福建省有这样的优越条件。有人说福建省根本用不了这些电，用不了当然可以转给华东、华南用，总比青海、西藏等地区把电输送过来好很多。我知道广东和上海用的电，主要是长江三峡输给它们，三峡大坝的水电都分到上海和广东去了，北京没分到。但如果以后四川、重庆、武汉等地区的用电量大幅度增加，显然理应就近供电；而未来的华东、华南地区所需电力，显然就应该由福建地区的特大型抽水储能电站统一供应。

一　10~15年后，福建省需要多少电力

下面介绍一些未来电力需求的情况。10年到15年以后，福建省需

要多少电力？这首先要看我们国家的发展大形势需要多少电。我预计随着中国经济的发展，增长率仍以年均 8% 的速度不断上升。中国未来的电力需求大体上也将以年均 8% 的速度同步上升，亦即电力消费弹性系数大体上是 1.0。所以，福建省以及全国的人均耗电量也将以 8% 的速度不断增长。而且，福建省正在进入以重化工业为主要发展方向的工业化时期，其电力需求有可能甚至超过全国平均值。那么，福建省的电力短缺将如何解决？

新听说的一个情况是，福建省最近不缺电。我个人认为这只是暂时现象。因为前一时期为了调整结构，把发展的速度降下来一些。为什么要调整结构？并不是缺乏资金，缺乏投资，而是市场需求正在转型，资金需要找到更有效益的事情。至于电，将来是一定需要的。

清朝有一个大臣叫陈澹然，他在一本奏折里说，“自古不谋万世者，不足谋一时；不谋全局者，不足谋一域”。也就是说，不看事物将来的发展，你对当前的事情就看不清楚；如果不看世界发展的全局，你就看不清楚本地区未来的发展形势。现在大家觉得这是很好的思维模式。我们考虑很多问题，要看到未来，要看到全局。

研究福建省的能源问题，既要看到世界能源、中国能源的发展大势，也要看到福建省未来的资源、环境等等具体条件，中国和世界能源向何处去，福建省将向何处去，以及泉州市将向何处去。

下面有一个具体建议：福建省和国家发改委应出台重大决策——当然这只是建议——充分利用福建省拥有的特殊地理条件，在福建省建立大型、超大型或特大型抽水储能电站，大量吸纳邻近地区的风能、太阳能所发电力，形成中国东南部的超大型供电中心，以应对中国未来发展对清洁能源的巨大需求。福建省有 12 万平方公里的土地面积，

90% 以上的土地面积是“八山一水”的山地、丘陵、河流、湖泊地区，有十分曲折的海岸线，也有数量众多的港湾、岛屿，特别是有足够的水面大力发展太阳能，有足够的沿着山脉延伸的高峰，可以放置大型风机。尤其有极其丰富、达 1100~2200 毫米的年降雨量，是世界上少有的能够建成大型、特大型或超大型抽水储能电站的地区。福建省的未来发展，必须充分估计福建省所拥有的重大地理优势。福建省应大力发展抽水储能电站，并和福建省邻近地区的各种可再生能源发电基地相结合，成为华东、华南地区未来经济发展的电力供应中心，解决中国东南地区未来发展必然出现的电力短缺问题。希望在座的同志们不要只看到福建，还要看到我们国家，看到全局。我们中国水能资源世界第一，比美国多多了，美国才 1.5 亿千瓦，我们有 7 亿千瓦。而可建抽水储能电站的水能资源，一般均超出所拥有水能资源量的几倍。福建更拥有建立大型、特大型抽水储能电站的特殊优势。最近习近平同志走遍全国各地，呼吁中国必须走创新发展的道路，那么福建省将如何创新？福建省是否可以考虑成为东部、南部的电力供应中心？

最近我和我的老同学，前水利部部长杨振怀同志，前长江三峡办主任魏廷铮同志等老朋友，共同议论中国能源未来发展的问题。他们纷纷认为福建省可建的抽水储能电站，其规模有可能达到几亿千瓦之大！远远超出了福建省的电力需求。究竟是多少，他们也说不清楚，必须深入调查研究。而如果福建省用不完所发电力，就应该实行地区分工的发展战略，建成超大型的可再生能源电力发展中心，适应国家发展全局的需要。两位老同学都说这个话有一点道理，应该从更大的全局来看这个事情。这是我的几位老朋友的意见，他们都是水利部门的老同志，不是国家发改委提的，不是什么国家决策，更不是什么定论。这是很有道理的真知灼见，所以现在到这里来作一点倡议和宣传，大家共同讨论。

为迈出第一步，在现阶段，福建省有可能先建立一个以抽水储能电站为中心的区域性电网。也就是以大力发展太阳能、风能等可再生能源为中心，再加上能大力调节电力需求的抽水储能电站为供电的枢纽，利用上述三种能源与抽水储能电站的组合，建立福建省相对独立的分布式能源电力基地和福建地区的区域电网。而在未来的发展中，当然还要和国家级大型电网联网，以便和邻近地区协调彼此间的电力供应和发展。必要时，还可考虑和台湾地区的电力部门实行联网供电。

我有一次在厦门和台湾的朋友们讨论海峡两岸合作的问题，我就说过福建地区的电网应和台湾地区联网。我那个时候还没想到抽水储能电站。我就说台湾电力短缺，台湾未来也是要发展的，台湾地方太小，应该考虑利用大陆的能源，应该把福建省当成重要的供电中心。台湾现在有三个核电站，正在争议之中的还有第四个核电站。其实，台湾地区的电力短缺问题，完全可从福建电网调配解决。

二　一个回答：中国能源必须走可再生能源之路

中国能源必须走可再生能源之路。这一“必由之路”其实是胡锦涛主席首先讲的。胡锦涛同志在 2005 年北京国际可再生能源大会上的致辞中提出两个“必由之路”，“加强可再生能源开发利用，是应对日益严重的能源和环境问题的必由之路，也是人类社会实现可持续发展的必由之路”。锦涛同志在北京的大会致辞上讲了这句话，我的印象非常深。“必由之路”就是解决能源问题非得走这条道路。这件事情提出来以后，业界也议论纷纷，因为能源部门很多，就问是不是非“可再生能源”不可，是不是还有其他的“必由之路”。我个人非常赞同锦涛同志这一“致辞”。

下面是摘自国务院发展研究中心资源与环境政策研究所的研究报告——《加快发展可再生能源是我国中长期发展战略的重要选择》中的一些数据。这些数据在座的同志都相当熟悉，这里不再念这些数字。下面将着重讲一下太阳能。

从太阳能来看，我国太阳能资源丰富地区的面积占国土面积的96%以上，每年地表接收的太阳能大约相当于1.7万亿吨标准煤。现在全国一次能源消耗量大概是34亿吨标准煤。太阳能资源是我国每年消耗的全部能源的500倍。有不少经济学家喜欢探讨资源的稀缺性，如萨缪尔森的《经济学》就认为资源一定是短缺的，并喜欢用资源的稀缺性来解释商品价格的涨落。其实应具体分析，煤、石油甚至天然气等化石能源是短缺的，太阳能、风能绝对不短缺，只是你没有好好地利用它。利用它就要解决很多的科技问题，所以，真正的短缺不在资源，短缺的是科学技术。正由于中国缺失了科技，所以，不幸的是，包括水能在内的中国可再生能源资源的利用率还不到5%！

需要进一步讨论的是，为什么彻底解决或最终解决中国未来发展对能源的需求必定是太阳能，或更宽泛一些，最终解决中国的能源问题肯定是“太阳能+风能+水能”，却绝对不是核能。我年轻的时候是原子能的积极鼓吹者，年轻的时候觉得彻底解决人类的能源问题绝对是靠原子能，尤其是海水中的氘。但是这几年思想有很大的变化，原因是技术难度太大。即使技术上可以实现，但投入资金太大，成本太高，而且也很难完全避免中子对环境所造成的放射性污染。海水中的氘，最多也只够人类使用几千万年。但太阳的生命是40亿年。太阳死了以后，地球也差不多就死了，没有太阳以后，靠原子能也活不下去。中国太阳能资源总量是年消耗的一次能源总量的500倍，这里还只计算了960万平方公里的陆地，没有把海洋也算进去。三沙市四周的海洋水面上，都可以安放水上太阳能“浮体”发电，而且太阳能资源特别好。中国沿海共有约300万平方公里的水域。陆地和海洋接收太阳能的总量是一次能源年消耗量的700倍。所以从世界能源发展的大趋势来看，未来能源绝对是太阳能和风能。风能也是从太阳能来的。水能是从风能来的，风把水蒸气从海洋吹到陆地，然后变成水能。所以根本的原动力都是太阳能，而且是可再生能源。经济学家老爱说资源短缺，而太阳能完全不短缺，就看你怎么利用。

有一个奇怪的现象，中国有数量如此巨大的可再生能源，尤其是太阳能，却弃而不用，反而寄希望于会不断产生放射性并严重影响生态环境的核能。在座的同志们，绝对不要认为核能是清洁能源！只要一开动核电站，在发电的同时，铀棒也必定成正比地同步产生许多放射性核废料。这些不断产生放射性核废料的能源，绝对不是什么清洁能源，而是对环境清洁威胁最大、危害时间也最持久的肮脏能源。但是核电部门非要说它是清洁能源，理由是不排放二氧化碳。但是能源是否清洁，关键是要看它是否影响环境。

不反对在沿海发展核电站，但内陆地区绝不能大干快上！沿海地区出了事故后，还可以将核废料往海里送，最多被邻国大骂一顿。像日本出现的那次大核事故后，我们周边国家纷纷谴责，但是骂了以后，他们照样往海里送。唯一的办法，就是说东京办奥运会不够格，但安倍做一点工作，最后还是通过了。如果在内陆出现大核事故的话，那就比沿海严重得多。放射性污染的面积，可以多达50000平方公里！是福建省面积的40%！如果建在海边，其污染面积会少一半。其实建在海边也会污染约20000平方公里，也是很大的核事故！也绝对需要避免！但如果明确规定仅能建在沿海，就会限定核电发展的总量，不能超过40~50座核电站。建造的核电站数量越多，出事故的概率就越大。而重大核事故，不论是建在海边，还是建在内陆，均属必须绝对避免出事故。“居安必须思危，有备才能无患。”这是我们必须坚持的指导思想！

也许有人认为这是在“反核”，不！这绝对不是反核，而是科学地利用核能。从当前的核技术发展形势来说，核能利用的最佳场所显然不在陆地。而是应移师海上，移师中国即将出现的大型、超大型商船，大型、超大型的作战舰艇，应对未来的石油短缺。我们的海轮运输量是世界第一位的，我们的造船吨位也是世界第一位的，但技术相当落后，用的动力技术都是石油驱动的老技术，很需要更新换代，尤其需要用核动力改造我们的全部海轮。移师海上，不是说它不会出事故，只是说它一旦出了事故，污染的是大海，对中国的危害会小一些。而如果一旦在海上行驶能确保安全，确保不出核事故，真正做到“万无一失”，这才有可能进一步讨论是否应在内陆部署核电站。这完全是我们的子孙后代所应回答和解决的问题。

再给各位提供一个最新情况。受控热核反应何时实现？现在只能认为遥遥无期，八字未见一撇。当前在国际上进行的ITEP项目，正面临理论上、技术上的严重困难，从而也引起了资金上的严重困难。因为大家都认为太困难了，都不愿意出钱。ITEP本来是十个国家联合出钱干这个事情的，但是现在碰到很多困难，要大家大幅度加钱。但这个东西又靠不住，并没有把握可以把它弄出来，却又要增加好多钱，所以这个事情就搁浅了，一直拖在那里！

还有一个最新情况，美国利弗莫尔实验室发展的激光引爆，惯性约束聚变受控热核反应装置，也出现了新问题。192 束激光引爆受控热核反应的实验，结果发现实验的结果和理论的结果差十倍之多，却找不出原因。就有人问现有的理论靠不靠得住，至今还未能找出失败的原因。前一段时间美国总统奥巴马下令停止，美国已投入几百亿美元，而且未必有希望。激光引爆受控热核能源的研究这个事情，震动了我国研究受控热核反应的研究部门。有些核研究部门就来找我们了，美国都不干了，我们以后怎么办？我说唯一的出路是创新。但怎样创新就得慢慢讨论了。这是一件很大的事情。奥巴马已经下令不干了。人家还是头脑清醒的，碰到困难的时候，不要什么事情都死撑下去，要想别的办法①。

三　一个重大新闻：太阳能产业在中国的发展面临重大打击！

有一个重大新闻，太阳能产业在中国的发展面临重大打击！可能最近略缓和一点。前几天，李克强总理打了一个电话给欧盟，协议欧

① 在整理这一发言稿时，已出现了新情况。美国人重新检查了他们的实验，经过改进后，惯性约束受控热核反应可以实现理论值的 80%，或者说，已实现了“点火”（Break Even）。但如果将激光的转化率也计入能量成本，就仍然是严重的“入不敷出”！更重要的是，据我们所知，奥巴马并未因这一“成就”而继续拨款！原因是，根本不能指望用受控热核反应彻底解决人类的能源问题。

盟少收一点税，中国将限制出口量。如果按照欧盟已通过的税率，我们国内的太阳能产业将全部寿终正寝。我们有 80% 以上的太阳能产品都是出口到欧盟，国内自已用的只有 2%~3%。首当其冲的就是中国的两大光伏企业——无锡尚德、江西赛维。

为什么中国企业会遭受重大打击？当然是来自西方的贸易保护主义，但更重要的是光伏技术落后。为什么中国会经不起打击？因为我们的“市场在外、技术在外”，我们的市场主要是欧盟，而技术均来自国外。我们为什么可以在欧盟占有相当的份额？唯一的优势就是劳动力价格比较低，善于做出价格低廉而质量相对低劣的产品，能在欧美等光伏市场迅速打开局面。无锡尚德做的都是发电效率比较低的劣质产品，成本也非常低。欧洲和美国等国家给予了光伏市场高额补贴，实际上大部分补贴了中国的光伏企业，同时还妨碍了欧洲、美国光伏产业的技术进步。

一个新的呼声是中国的光伏产业将直接投资于欧洲的光伏电站建设。原因是：欧洲的电力市场是用石油或天然气为燃料，发电成本很高，每度电平均约为 2 元；而中国制造的光伏电池发电成本大体上是每度电 1.0~1.2 元，如果我们出口太阳能电站，有望在欧洲的电力市场上分得一定份额。但如果对方坚持要搞贸易战的话，这个方案也只能略为缓一下，未必真正走得通。原因就在于：市场在外，技术在外！

很容易想到，既然欧洲和美国相继关闭它们的市场，要挽救中国正在蓬勃发展的光伏企业，唯一的出路是启动中国的光伏市场。但是我们的市场和人家的市场却大不一样。中国政府已开始启动中国市场，中国政府已推出每度电 1 元的优惠上网电价，最近又发布了种种措施，有很多细节。据我所知，中国光伏产业界仍抱怨中国政府拯救市场不力。它有一个背景，中国的电力市场烧的是廉价的煤，中国的电力市场平均是每度电 0.5 元的上网电价。最近煤的市场价格呈现大幅度下滑趋势，北京煤炭价格已从 1200 元 / 吨下滑到 600 元 / 吨左右，中国前一时期出现的煤电纷争已大幅度缓解。为什么煤价格会降低？因为进口了越南的煤，他们的煤价比中国低很多。所以一下子我们的煤炭行业就感到形势大为紧张，而过去我们不让他们进来。我是赞成他们进来的，人家有廉价的能源供应给你，你为什么不用？

据我们所知，在北京以及河北省的光伏产业，其综合发电成本是每度电 1.0~1.2 元。在其他技术较落后的地区，其综合发电成本也是每度电 1.1~1.2 元，最低可能也只是每度电 1.0 元。我相信福建省的光伏企业和全国情况也差不多。全国各地区的光伏企业纷纷要求地方政府出台“土政策”，在国家发改委已出台每度电 1.0 元的收购政策以外，由地方政府增加 0.3 元或 0.4 元的地方补贴。例如，辽宁省发文，多增加每度电 3 毛钱的补贴。福建省将采取何种政策？未见宣布。而且国家发改委也未必很支持地方政府给予高额补贴，补贴的后果往往是保护落后。

在我看来，中国光伏产业之所以遭受严重困难，最根本的原因是技术落后，未能将光伏发电成本下降到可以和火力发电相竞争的水平。国家发改委虽然已承诺国家给予 20GW 的电力市场，未来还可能上升到 100GW 的市场，但如果光伏企业的发电成本高达每度电 1.0~1.2 元，中央加上地方政府显然没有力量长期给予超过每度电 1.0 元的补贴。所以真正的出路还在于光伏企业必须自救自强，真正下大力气，大幅度降低光伏发电的技术成本和上网综合成本。

四　一个必须回答的问题：中国的光伏产业能否在技术上将发电成本下降到每度电 0.3~0.5 元

一个必须回答的问题：中国的光伏产业能否在技术上将发电成本下降到每度电 0.3~0.5 元？首先介绍一下光伏发电的原理，请看下面给出的一张光伏发电示意图（见图 1）。

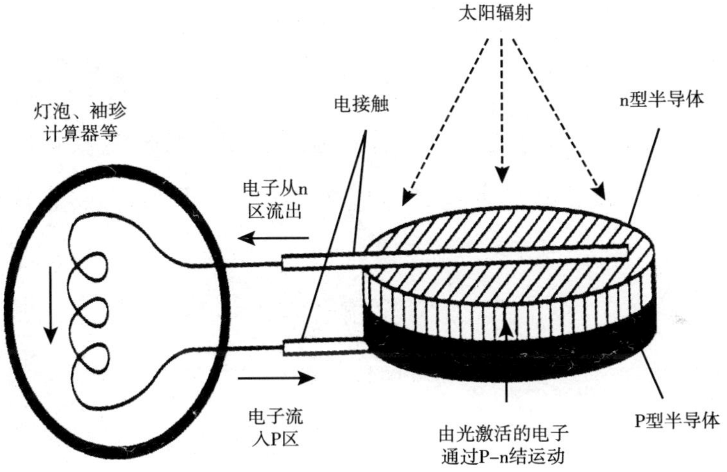

图 1　光伏发电的原理示意

原理很简单，两块半导体合在一起，在阳光照射下电路一接通就发电了。这比火力发电简单多了。火力发电还需要体积庞大的锅炉，还要烧煤，烧到高温高压。光伏发电原理非常简单，但是价格很高。这两块半导体都是高纯度的半导体，生产成本极高。

问题是国内采用的技术路线已经不大可能再度大幅度降低成本。一切技术的发展，都有内生的局限性。火力发电已是技术上十分成熟的技术，要再降低 5% 的成本，需要突破很多技术难关。技术的改进是无限的，但成本的边际效益下降定律也总会起作用，所以一定要考虑新技术。公允一些说，我们国内的光伏产业，在如何降低成本方面，还是做得很好的，已经从历史上的每度电 4 元下降到 1 元左右。但进一步大幅度降低成本会面临技术极限的挑战，一切技术都有一个发展的极限。

现在请大家看一个全世界太阳能技术发展情况的简图（见图 2）。

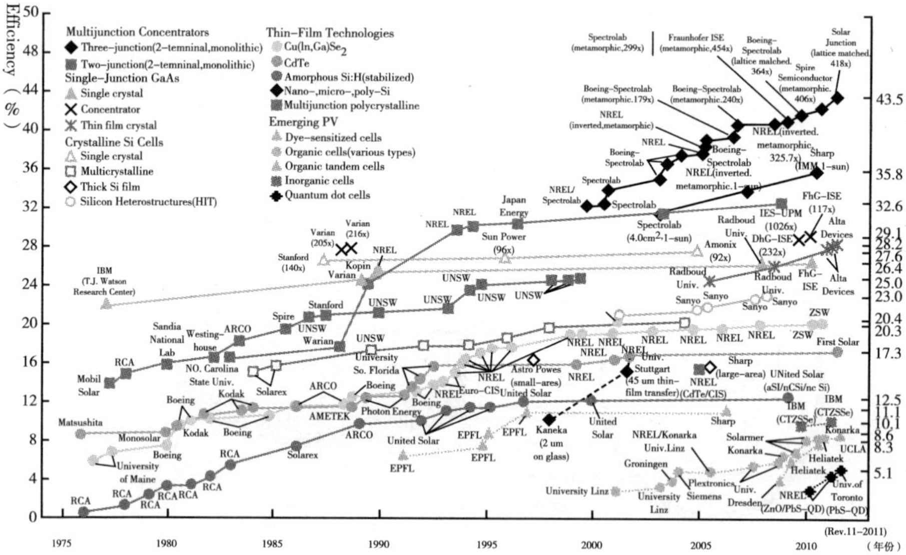

图 2　1975~2011 年世界太阳能技术发展情况

这个简图非常有意思，美国国家可再生能源实验室把全世界的太阳能发电在实验室里的成就，都集中放在这个简图上。各种太阳能光伏发电技术，其转化率是多少，哪一年已提高到多少，一目了然。简图上所收录的太阳能品种很多，我不再在这里详细介绍。世界上最高的太阳能转化率已经达到 44%。我们国内用的太阳能就只是这里的 14%、15%。国内商品化的太阳能光电转化率最高也就是 18%，一般的产品只有 14%、15%。这个图是从下到上、从低到高排列的，技术不同，效率就很不一样。效率高一点，成本会相应提高一点，效率低一点，成本也会低一点。为什么不大量用效率高的东西？重要原因是高效发电的材料，往往价格也比较高。

五　新出现的思维，也就是中国人所提倡的“第三代”光伏发电技术，也就是“太阳能炼硅+跟踪+低倍聚光+高效聚光硅电池”

现在出现一个新思维，通过增加光的强度来增加光电池的发电量，也就是利用“聚光+跟踪”来增加太阳光照射在光电池表面上的“光量”，来增加发电量。下面是这种新型的太阳能发电机的一组图片（见图3）。

图4是用无光像聚光理论设计的8倍聚光漏斗。

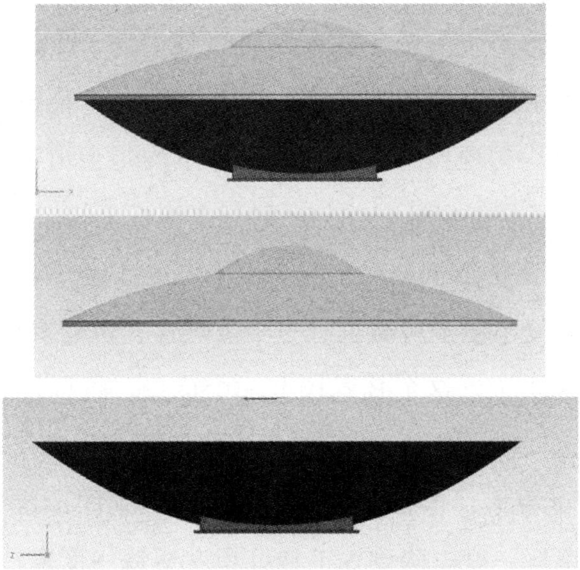

图3　多倍聚光技术的最新发展

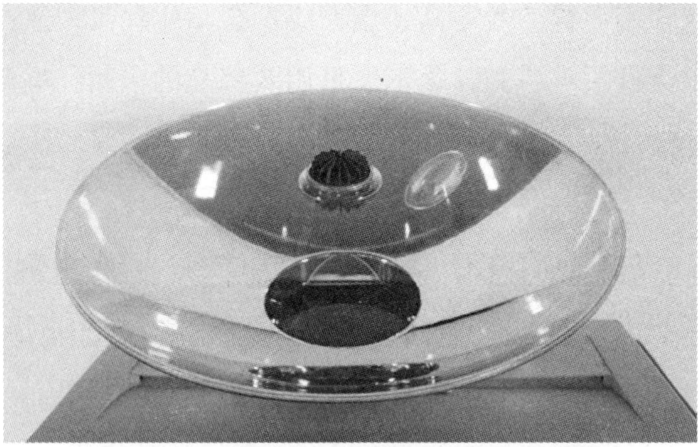

图 4　用无光像聚光理论设计的 8 倍聚光漏斗

过去发电成本高，就是因为太阳能电池板太贵，价格高，发电量就少，现在用聚光漏斗以后，8 倍聚光，一块光电池板能发 8 倍的电。当然，聚光漏斗也是需要钱的，但是这个漏斗比单晶硅便宜多了。为什么能做到 8 倍？很重要的是二次反射原理。一次反射是在抛物面，上面有一个小镜子，聚光后聚到小镜子，然后二次反射到下面的光电池板上。这里有讲究。不是随便一个小镜子都可以，它要求太阳光要均匀地照射在电池板上。不均匀会出现好多问题，现在设计的小镜子是能保证它均匀照射到电池板上的。8 倍的太阳光聚到小镜子上，温度会非常高，但小镜子温度太高了，它的反射面会发生畸变。所以小镜子后面也有一个散热片，也需要做到均匀散热，这些问题都解决了。这个技术还有一个优点，可以使我们在今后实现 16 倍聚光或 20 倍聚光。聚光 8 倍已经有很多困难了，聚光 16 倍、20 倍当然难度更大，但技术上还是有可能做到的。这时发电成本也就可以从 1 块钱一度电降到 5 毛钱或者 3 毛钱一度电。如此做下去，未来太阳能发电甚至也可能降到 2 毛钱一度电。所以我觉得现在中国要大力发展这样的技术。

下面要解决的一个大问题是跟踪，这种跟踪技术已经有样品。请大家看这张照片（见图 5），该光伏电站已稳定运行了 3 年。

图 5　已稳定持续运行了 3 年的光伏电站

这是一个功率为 1 兆瓦的发电站。每一个转盘是 50 千瓦，20 个转盘是一个兆瓦。这还不是 8 倍聚光，是 4 倍聚光，所以成本不够低。现在 8 倍就比它低很多了。如果在座的朋友们还嫌贵的话，还可以做成 16 倍、20 倍聚光。也不是说聚光倍数越高成本越低，这个和技术有关，但往这个方向发展是肯定的。

非常重要的一点，光伏技术的最新成就是 8 倍聚光和水上太阳能睡莲技术相结合。太阳能光电池板有一个搁在什么地方的问题。放在什么地方？通常认为是太阳能资源最好的地方，同时也是土地价格最低廉的地方。为什么人家愿意到青海、内蒙古沙漠地带去？沙漠地带的阳光好，土地很便宜。北京市郊区土地 30 万元 / 亩，上海是 100 万 ~ 200 万元 / 亩，土地太贵了！因而就出现一个新思维，能不能放到水上去？水面没有人用。所以发展的方向之一，是需要发展水上太阳能技术，也就是把光伏发电体系做成太阳能睡莲（见图 6）。

图 6　两个美丽的漂浮在水面上的“太阳能睡莲”

六　“第三代”光伏技术的最新成就：8 倍聚光和水上太阳能睡莲技术

太阳能是最便于实现和水能互补的新能源。太阳能和水能是相互补充匹配合作最自然的一对双生子。水能发电有丰水季节、枯水季节的不均衡，太阳能发电有白天、夜间和阴雨连绵、阳光明媚的天气发电的间歇性。太阳能好的时候，水能就不太好；下雨天，水能倒是很丰富，太阳能就不好，所以最好大家合作。

在水量极其丰富的长江三峡，也只能年发电 4000 多小时。这就是水能发电有很大的局限性，一般的水电站平均年发电仅 2000 小时。在太阳能贫乏地区，太阳能仅能发电1000~1500小时，在丰富地区，可年发电2500~3000小时。北京市属太阳能资源中等的地区，年平均发电约1500小时，最为重要的优点是距用电中心甚近。青海地区可能年发电2500小时，输送到北京的可能仅有2000小时，而且输电成本极高。

为什么距离远的太阳能输电成本极高？一般来说，输电成本和距离成正比。更重要的是，输电成本和输电时间的长短成反比。输电线一般是按年输电8000小时设计的，一个按额定功率输电的输电线只有输满了8000小时后才实现了最大的经济性。但太阳能从青海输到北京一般只能输电2000小时，只有8000小时的1/4。所以其输电成本就比通常满功率运行的输电站成本高出4倍。

太阳能的严重缺点，是在时间供应上严重不均衡，其最佳协作伙伴是水能。水能的特点是只要有足够的水储存，随时可以发电，也可以不发电，可以多发电，也可以少发电。启动它的发电开关只有几十秒钟，但是火力发电的锅炉调整发电功率就要两三个小时，还不一定能调过来。核电站就更慢了。水能的特点是要发就发，不发就不发，条件是必须有水。所以水能加太阳能不仅能在发电时间上相互弥补不足，而且在稳定发电功率上也能相互匹配补充。如果再有风能加抽水储能电站，弥补水能发电的水量短缺，就完全可用“太阳能+水能+风能+抽水储能电站”的综合发电体系，作为调整峰谷比的调峰电力。这将是功能和性能均最佳的调峰电站，国外的调峰电价和基本电价之比约是3∶1，我们国内的“峰谷比”一直没有拉开。随着经济的发展，特别是第三产业的发展，将来一定会拉开。如果把太阳能和水能组合起来，专门去调峰，现在就有利润可图。如果按照国外的3∶1，仅调峰的电价至少应高达每度电1.5元。

新出现的亮点，是这种聚光技术非常容易在水面上实现太阳能发电的睡莲。我们做了一个水上电站，地点在蚌埠，很小，5千瓦。下面是这一水上电站的照片（见图7）。

图7　蚌埠的水上太阳能电站

后面这张照片，有一点缺点，可以看到它的边缘上稍微翘起来了，这是设计不够好，不过很容易解决，调整一下就行了。但这一漂浮在水面上的光伏电站仍能够自动跟踪，能够高效发电。为了解决许多地区土地价格过高的问题，最简单的措施就是大力发展更为价廉物美的水上太阳能睡莲技术。

新加坡很想搞太阳能，太阳能资源很好。新加坡的太阳能，虽然资源甚好，但“英雄无用武之地”。一个最简单的解决用地短缺的方法，就是把太阳能电池板放在海面上。但新加坡至今还没有过关，其设计成本太高。一个重要原因是没有想到用聚光漏斗。我们现在用的聚光漏斗，可以直接放在水面浮起来，不会沉下去。这个聚光漏斗是密封的，有一个特点，水进不去，空气可以自由进出。我们设计了一个小洞，这个洞上贴了一个隔离膜，水进不去，空气可以进去。所以这个聚光漏斗不怕热胀冷缩。还有一个优点，下面是散热片，散热片也要做得很好，但如果放在水里的话，就不需要这么好的散热片，只要放在水里散热，效果好得不得了。太阳能光伏发电有一个基本数据，发电温度每升高一度，太阳能发电就要损失 4‰的电。温度每升高 10 度，就会损失 4% 的电。现在往水里一放，冷却效率大为提高，光电池温度和水面温度差不多。冷却性能好了，发电量又增多了，同时又利用了浮力，节省了不少支撑它重力的支架。所以接下来就看中福建省了，福建省的水面大得不得了，把太阳能睡莲式光伏电站放在湖里或海里就行了。我个人认为福建有非常好的发展新能源的自然条件。一是水面比较多，水面价格要比土地价格便宜得多。太阳能不算很好，但也不算很坏。只要天不下雨，福建热得不得了，所以太阳能绝对不会太差。如果再加上大型抽水储能电站，福建省完全可以做成一个新型的可再生能源发电中心。

中国有许多水面可以建设大型、超大型光伏电站，占用的水面售价比陆地低廉得多，而且用不着“三通一平”。中国的青海湖、鄱阳湖、太湖和洪泽湖，其面积超过 4000 多平方公里。云南省大理市也有极好的太阳能资源，地处云南大理市的洱海，其水面约为 250 平方公里。中国有8万平方公里的湖泊。中国的渤海实际上是中国的内海，水面超过20000平方公里。仅渤海湾就可以放置功率为10亿千瓦的太阳能睡莲。如果你们有10000平方公里水面的话，就可以放置5亿千瓦的太阳能睡莲。

福建省也有很好的水面。有古田、山美、东川、东张、安砂等水库。完全可以利用福建省拥有的空旷水面，建设大型、特大型或超大型的水上太阳能电站。福建省到了冬天，湖水的温度下降到0度上下，发电量还要再增加10%。最新设计出的8倍聚光漏斗，又进一步将光伏发电成本由每度电0.5元下降到每度电0.4元。这个漏斗制造成本只要60块钱，瓦数是20瓦，平均3元一瓦。本来这块光电池发电功率是2.5瓦，8倍聚光后上升到20瓦，这里用的是特殊的n型的高效光电池片。

科技人员只会在实验室里小打小闹，不会搞企业。科技界做个样品出来还可以，但是做成产业就不行了。为什么我们很愿意到泉州市来讲太阳能发电的最新技术？因为泉州市还有不少光伏企业。科技界要推广技术，最好是和光伏企业合作。光伏企业要谋求发展，最好是和最新的科技合作。

更新的发展是，已将这一8倍聚光技术发展为可以发电又能同时供应60℃热水的技术，下面是一个设计的示意图（见图8）。

这样一个设计图就是表示里面的水路，冷水怎么进去，又怎样流出热水。

这个新设计每单元的成本也是60元/只。可以发出峰值功率为20瓦的电力，同时还可以供应峰值功率为50瓦的60℃的热水。跟踪将增加30%的电量和热量。这是当今最有经济效益的新设计。而极妙的是，这一8倍聚光的设计完全可以扩展为16倍、20倍聚光，还能进一步大

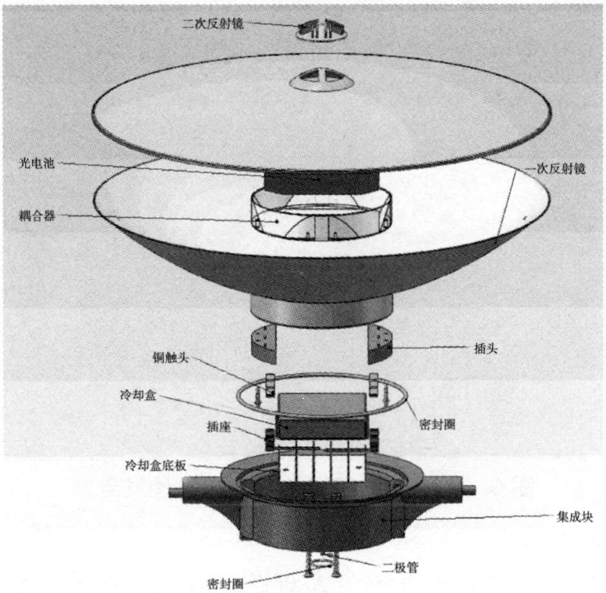

图 8　用 8 倍聚光技术发电同时供应热水的设计示意

幅度降低发电成本，进一步将 8 倍聚光从 4 毛钱一度电下降到 0.25 元一度电，同时还能供应温度为 70℃ ~80℃的热水，可以输送到供热锅炉节约用煤。总之，在不久的将来，这一水上发电技术以及新发展的热电两用的光伏发电技术，在中国未来的电力市场上完全可以做到平价上网。我觉得这是一个非常有前景的产业。

最近我们还看中了三沙市。三沙市在未来的发展中，无疑要用到大量的电力。但三沙市如果仍要走火力发电的老路，唯一的办法，是用油。大量用油会出现很多问题。首先是运输问题，将来还会出现石油短缺问题。其实，解决三沙市供电的最好方法是太阳能。而且还不是把太阳能电池片放在珊瑚礁上，是放在由珊瑚礁四周围起来的水面上。这里有一张由珊瑚礁围起来的照片（见图 9），里面有足够的水面放太阳能睡莲，而且风浪较小。

图 9　珊瑚礁围起来的太阳能睡莲发电站

在三沙市发展太阳能有一个大难题，是三沙市不可能建立抽水储能电站，只好用蓄电池储能。蓄电池储能的困难：一是使用寿命较短，二是储能代价太高。我们最近想到一个办法，它可以用气囊储能。做一个大气囊，把大气囊放到水底下，由于气囊里的内压力和水的外压力是相等的，所以不要求这个气囊做得非常结实，它的制造成本就大幅度降低了。一般压缩空气储能是用大钢罐子或碳纤维做的大罐子，为抗压这个成本就太高了。现在是在水里放一个大气囊，它的压力是固定的，发出的电力也是恒定的，所以未来水下的储能电站技术发展潜力也非常大。而这类新技术的开拓，当然不是跑到青海去开拓，最好是放在靠海的城市，并且在有一定工业基础的地方去发展这种技术。在座的同志们，你们研究泉州、福建发展战略的时候，是不是把这个新的可能性考虑在内？如果要我们提供技术细节，那没有问题，可以随叫随到。牵涉到利益机制的问题，由合作双方直接谈判解决。这种利益诉求，总会比我们从国外引进技术付出的代价低多了。

七　福建省也拥有相当好的太阳能资源

福建省也拥有相当好的太阳能资源。下面是两张我国相关太阳能资源的分布图（见图10、图11）。

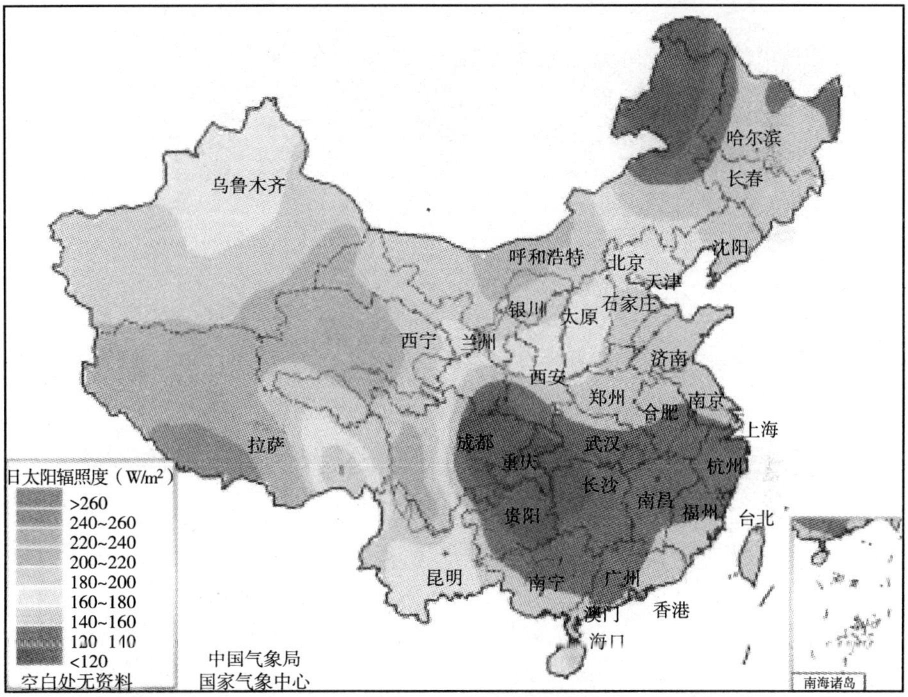

图10　我国年平均日太阳辐照度分布示意

资源最好的地方是西藏，最坏的地方是成都。福建还不错，深蓝颜色（中部地区）的是最坏的地方，而福建是一个比较好的地方。当然，台湾的太阳能也相当好。特别是福建省可用的水面比较多。这是另外一张表（见图12），容易看出福建省的太阳能资源是三类地区，其资源总量是西藏、青海等一类地区的1/2，但福建省有良好的地形和足

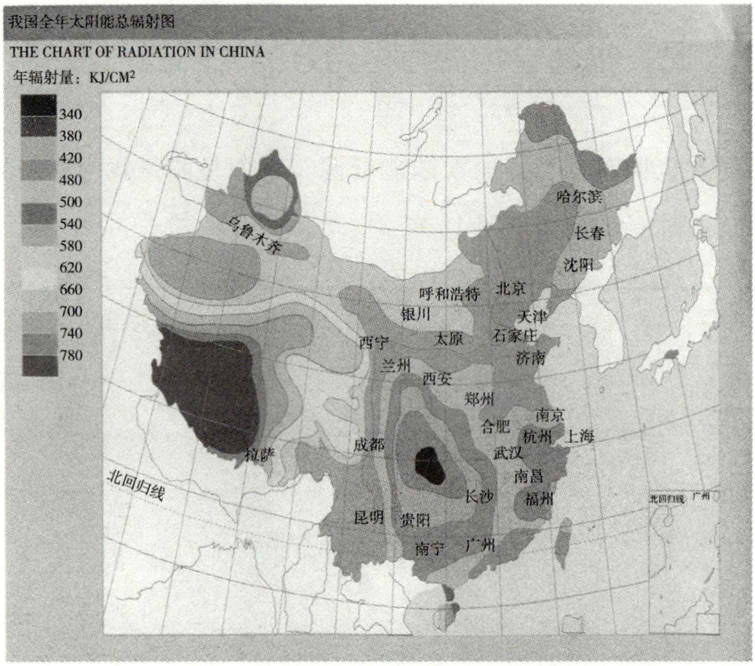

图 11　我国全年太阳能总辐射量

太阳能系统能量概念与年发电量换算

GENERAL CALCULATION OF OUTPUT OF ELECTRCITY GENERATION

1KWp太阳能系统年发电量换算

The calculation of 1KWp to yearly output

年总辐射量（千焦/厘米²·年） Insotation/year（KJ/cm2 each year）	年发电量（千瓦时） Generation of power（KWh）
340	908
380	1003
420	1106
460	1214
500	1325
540	1436
580	1546
620	1657
660	1768
700	1879
740	1994
780	2103

年发电量：千瓦时

908
1003
1106
1214
1325
1436
1546
1657
1768
1879
1994
2103

图 12　太阳能系统能量概念与年发电量换算

够的水量，建立大型和超大型抽水储能电站，再加上福建省有面积可能是10000平方公里以上的水面，可放置5亿千瓦的水上太阳能睡莲。

如果研究一下我们现在的发展模式，研究一下我们的企业，我认为当前存在的重大问题是没有很好地研究技术路线。怎样研究和确定一个地区、一个企业的发展路线、发展战略和发展哪些产业？必须同时研究和确定相关的技术路线。挑选的产业不错，但是技术路线选错了就不行。1958年大跃进，毛主席在总路线中说，“鼓足干劲、力争上游，多快好省地建设社会主义”，这没有错。工业要“以钢为纲”，农业要“以农为纲”，这个也没有错。大炼钢铁，错误的是搞“小高炉、土高炉”，是“大搞群众运动”。人家搞的是顶吹氧气，转炉炼钢，而我们用的还是春秋末期、战国初期欧阳冶子等人那一套“当时”先进的技术。这套老技术和现在的最新技术相比较，其效益就差了很多。那一时期的大炼钢铁，其目标“翻一番”也就是增加535万吨钢，用“小土群”来炼出535万吨钢，那可是大问题。但如果用的是新技术，一座现代化炼钢厂，也就是年产3000万吨钢，而且是优质钢。所以，错就错在没有很好地研究技术路线，口号很好，没有很好的技术路线来支撑。假定那个时候毛主席提倡大炼钢铁，同时倾全力突破“转炉炼钢、顶吹氧气”技术，“大跃进”就会成为名副其实的大跃进。很多人现在一谈就是我国要全力以赴搞第三次工业革命，第三次工业革命的核心技术是什么？其技术路线有哪些？这些都是非常大、非常大的问题。

举一个例子。前一时期，在国内发展的电动车技术路线就有严重的问题。现在是美国的电动车搞出来了，特斯拉电动车强势占领美国市场，强势进入国际市场，也强势进入中国市场。特斯拉股票的上升势头，是一日千里！有些人甚至据此预言美国的经济，即将或已将东山再起！试问美国的特斯拉模式，优势何在？为什么特斯拉竟能迅速地侵入在经济社会中占比重极大的轿车市场？特斯拉电动车研制的是豪华型电动车，充一次电可以跑500公里，保修8年。我们研发的电动车仅能跑300公里，运行一两年就坏了。奥运会期间，我国花了大量的钱，研发了氢燃料电池的大型公共电车，跑了一段时间，就再也跑不动了。所研发的蓄电池型公共汽车，其命运也差不多。现在在北京道路上能跑的大型公共电动车，也就是2~3辆，躺在车库里的至少是几十辆！这是为什么？问题就出在高科技，不懂得把“第三次工业革命”的核心技术，亦即智能技术应用到电动车上去。

我们看到这些情况以后，确实有一点感想。我们这些科技人员的素质还是不够好，我们这些人就没有想到用智能技术来改变蓄电池的运行规范。他们的水平高，就“高”在这个地方。这类问题如果集中大家的智慧，好好开几场研讨会，畅所欲言地认真讨论、争论，甚至辩论，不见得想不出来。所以我在这里再三呼吁，我们讨论产业政策、更新换代，很重要的一点就是要认真讨论和研究现已确定的技术路线选择，是否正确，是否真有发展前景，这是大事情！现在并不是在各行各业都已解决得很好！

中国的科技人员对如何发展太阳能是作了探索的。我就在这方面持续关注了七八年。一开始我也提倡到青海去发展，也鼓吹到西藏去，西藏的太阳能资源最好，但是干起来很困难。在西藏当地，找一个能完全掌握新技术的人实在太困难。想来想去觉得有这么一个新的可能性，恐怕还是应该跑到较发达的地区来，跑到泉州来，和在座的同志们共同讨论研究。希望在座的同志们，不要我在这里一说之后马上动手干，所有这些技术路线的大大小小问题都要作仔细的研究，才能最后作出科学的决策。在20世纪60年代，我曾经参加过原子弹、氢弹的研发工作，那里就有尖锐的技术路线问题。中国穷，没钱，在研发原子弹、氢弹时，绝对不能像美国人那样大手大脚地浪费钱。需要对大大小小的技术路线的得失成败，作深入细致的比较；需要放手发动群众，让水平高的、水平低的各类技术人员都有发言权。最后当然是“精英层+共产党的领导”集中决策。现在向在座各位领导同志汇报的，是一位“比较熟悉当代能源问题，但持有不同意见”的能源工作者，看到一个重大的新的机遇及其实现的可能性，也就是和在座的各位共同讨论一下中国未来能源发展的机遇何在。希望泉州的同志们把你们的工程师、技术人员力量组织起来、结合起来，再加上当地党和政府的领导，研究一下福建省泉州市有没有开拓这类新产业的可能。

为什么我在这里呼吁还要加上“共产党的领导”？请恕我直言，“精英层”虽然比党政机关更熟悉科技问题的许多细节，但往往对国家和人民的根本利益所在研究得很不够。所以，一切正确决策，必须是“共产党的领导+群众+精英层”的三结合。

为什么我们现在会跑到这里来？还可以向在座各位汇报的是，现在在发展问题上出现了一个新思维，就是发展我们的经济，还要多出一只手。本来是两只手，看不见的手和看得见的手，现在还多出来第三只手。地方政府还能多伸一只手，既便于组织当地的市场力量，又能够协调争取中央的力量，并根据当地的特点来发展地区经济。我是很赞成这一“第三只手”的思维模式的。所以觉得应该大力研究地区经济，根据地区的特点来发展地区经济。我了解福建省的情况不多，只是在地图上看看大概的情况，很需要在座的同志们共同讨论研究。

谢谢！

互动交流

1. 各种各样的太阳能中，哪一种更有发展前景？你关注这么多问题的核心思想是什么？

【听众提问】：

尊敬的何院士，我请教两个问题。我知道能源是人类未来 50 年面临的最大问题，有一个诺贝尔奖获得者说过，第一个问题是能源问题，关注能源问题是非常重要的。你刚才说到聚光太阳能，在四五年前华侨大学有一个教授的一个小作品和这个有关，他指导的学生获得了全国大学生科技作品一等奖。我现在想问两个问题，我们知道有各种各样的太阳能，哪一种更有发展前景？另外，何老先生，我知道你涉及的领域非常广，既关注自然科学，也关注社会科学，既关注社会问题，也关注经济问题，甚至早年还参加过革命运动。你关注这么多问题的核心思想是什么？谢谢！

【何祚庥】：

非常好的问题，他刚刚一讲这个问题，我就把这个图拿出来了，这个图就是说怎样提高太阳能电池板的发电效率。最高的发电效率是 40% 以上，下面是 35%、33%、32%，现在通用的是 14%~16%。我现在推荐的是 n 型的硅聚光电池，发电效率是 23%~25%。40% 的效率是很高，所用材料是砷化镓。砷化镓的价格是单晶硅的一两百倍，砷化镓发电要有效益就一定要 1000 倍聚光。我现在推荐的 8 倍聚光，应用较廉价的 n 型硅聚光电池，就可以获得经济效益。1000 倍聚光需要高精度地对准太阳。

怎样才能做到像向日葵一样高精度地正面面对太阳？一般是要测量太阳在什么方位，然后调节控制。但我们是物理学家、天文学家，地球绕太阳公转的规律，用牛顿力学公式可以算准到七八位数字，非常精确。我们现在的控制系统是把牛顿的公式加在芯片里面，保证一百年两百年都是正面对着太阳。对准太阳有一个对准的精度问题，像 8 倍聚光、16 倍聚光，精度差一二度无所谓，但 1000 倍聚光就要求有千分之一度的精度。大规模应用必须要保证这个问题妥善解决。这有一点难度，在理论上实现高精度的跟踪是没有问题的，但实施起来，如何保证跟踪的高精度，有一些难点。和在座的同志们，我们共同研究这种重大问题。8 倍聚光的散热已经很困难了，1000 倍聚光的散热怎么解决？原则上可以做到，需要很多复杂的技术，成本不低。在目前的阶段选择低倍聚光技术，是最优决策。

总的指导思想是必须让中国的老百姓能够用得起太阳能。现在国家有一些补贴，欧盟也有一些补贴，太阳能企业还能赚一点钱。但仅是短期的。我们需要解决的是能源问题，必须让成本降下来，降到比火力发电还要便宜。现在的低倍聚光有望做到 4 毛钱一度电，两三毛钱也能做。但这里还有一些未完全解决的难点。现在用的电池板是进口的，人家答应大幅度供应，但是还有一些附加条件。真要把这个东西产业化，还有很多事情要做，也就是怎样才能做出优质廉价的 n 型聚光电池。同样的 n 型聚光电池，质量也有好坏的差别。这里面有很多科学技术工作。在座的同志们如果真想干这个事情，可以找我们再来提供意见。这次来介绍的是大的思路和大的决策。在座的很多都是领导同志，今天不可能会讨论技术细节。

2. 关于太阳能论文方面的问题。

【听众提问】：

我带本科生的时候也研究过太阳能方面的问题。我觉得太阳能从理论上讲，现在是50%。我写了一篇论文，认为可以超过50%，如果可以的话，我能把论文寄给你吗？

【何祚庥】：

欢迎！关于太阳能发电理论有很多要讨论的问题。按照我看到的材料，理论计算的效率，可以高达60%、70%。我认同它可以超过50%，有好多人做这方面的研究。但问题是你可以从理论上算出来达到50%、70%，真做起来这又是另外一件事情。因为技术要配套，许多复杂的因素组合在一起，理论上的计算结果往往会打折扣。我给各位提供的关于太阳能光电池发电效率的简图是世界上最权威的，是2011年的，2012年的还没有拿到。有朋友告诉我，它和2011年相比没有太大的变化。

3. 温度达到60℃，那些小鱼小虾会不会被烫死？

【听众提问】：

何院士，您好！我是学生，但我是文科生，听完您刚才讲的太阳能，我比较好奇，因为您说把太阳能睡莲放在湖面上，可以很好地解决散热的问题，而且水温达到60℃。放在水面上，温度达到60℃，那些小鱼小虾会不会被烫死了？

【何祚庥】：

不是放在水面上。是冷却聚光发电的冷却水，可以达到60℃。放在屋顶上，用水冷却，水温可以达到60℃。放在水里，水温不会增加。由于这是高效散热，光电池的工作温度，仅比水温略高一点。

4. 针对国内沿海开放型城市，除了采用水上太阳能技术，还有什么新概念新思维能够打造升级版的海洋经济？

【听众提问】：

何老先生，您好！我想请教一个问题，针对国内沿海开放型城市，除了采用水上太阳能技术，还有什么新概念新思维能够打造升级版的海洋经济？谢谢！

【何祚庥】：

有一个，难度也比较大。海底下有一种恒温的海流，有一定的速度，当然就像刮风一样也有动能。海底下的水的流动，流速不算太大，但水的密度却是空气的1000倍。所以海底的海流，携带的能量比风能还要大。可以设法在海底固定装一个海底发电站，利用水能发电。但是这个技术上有难度，如果你想出好办法，这就是大贡献了。而且这部分水能蕴藏的能量很大。中国工程院写了一本书，里面有图，有海底的水流速度和流量分布图，有一点这方面的资料。

5. 海上大型风电产业的储能和输电的技术路线前景如何？

【听众提问】：

关于两岸共同开发海上大型的风电产业，我要问的问题是：海上大型风电产业的储能和输电的技术路线前景如何？

【何祚庥】：

风电的储能和输电的技术和太阳能的储能以及输电的技术，在技术路线上是完全相同的。而且在原理上，还可以共同应用同一个储能系统和输电系统，如这里介绍的大型抽水储能电站，或者说，风能发电和太阳能发电，彼此有很好的兼容性。但我需要告诉你们一个真实的情况，前面说的风能和太阳能的储能和输电可以兼容，这只是“理论”上可以兼容。在现有的风能和太阳能发电的具体设计上，一般的太阳能光电池发电的设计和风能发电的设计，是有一些矛盾的。电池板和风机相连的线路，在连接上有一些问题。只要风机叶片在光电池上有一个小影子，就会影响一大片光电池发电，所以风能和太阳能会打架。现在做聚光的系统，线路上作了一些调整，可以兼容。也就是说，电量的损失仅和阴影的面积直接相关。我们也考虑到福建省有一些特殊问题，台风的问题还是很讨厌，太阳能也怕台风。我看了地图，贴近水面上的风速不算太大。但是高空的风速很大，当然应考虑将风机放在福建西部。西部的山顶上风也不小，而且常年有风。没有必要在海上搞一大片风机，完全可以往西部的山区里面走，放到山顶上。至于怎么施工，我不懂，我不是工程师，请你们的优秀工程师研究一下，怎么把风机放在山顶上，而且风能发电还要和太阳能发电共同联网。如果福建省真的要接受这个建议，大做抽水储能电站，当然还要考虑如何发展风能。

张晓明简介

张晓明 中国社会科学院文化研究中心常务副主任、研究员，中国传媒大学文化产业研究院博士生导师。

主要研究方向为文化政策、文化产业理论、国家文化发展战略、文化哲学、社会哲学、经济伦理学等。

担任“文化产业重大课题研究计划”管理办公室主任，专家委员会主任、首席科学家；国家社会科学基金特别委托项目“先进文化建设与文化体制改革”主持人；中宣部《文化体制改革总体方案》和《国家“十一五”时期文化发展规划纲要》起草小组专家组成员等。

著有《伟大的共谋——市场经济条件下的利益关系研究》等，代表论文有《通过认识文化产业发展的不平衡规律科学地制定文化产业发展战略》《加入 WTO 对中国文化产业有什么影响？》《文化产业：网络时代“不能承受之轻”》等。

当前文化产业发展的几个问题

张晓明　　　　2013年11月21日

一　关于文化产业研究的一些体会

首先我要感谢泉州市委市政府的领导，感谢华侨大学能够让我到这个有这么长时间的讲堂来作报告。今天谈的主题正是这两天热议的主题，昨天刚在《光明日报》开了一个座谈会专版，专门讨论十八届三中全会关于文化发展方面的内容，我们请到了中宣部、文化部相关部门的领导，也请了学术界和企业界一些著名的企业家来共同探讨这个问题。我个人对在这样一个时候——今天被邀请到这儿来作报告，也非常感慨。昨天在《光明日报》的座谈会上讲，1978 年我刚从大学出来，到中南海国务院研究室工作——就在这个时候——35 年前十一届三中全会刚结束，大概就是结束后的两三天，有几个老同志坐在一张很小的桌子前向我们讲刚刚结束的三中全会的全部经过，非常生动。当时我印象最深的就是于光远同志的记忆力超强，很多细节都一一讲出来了，给我的印象非常深。所以我说我的职业生涯是跟三中全会连在一块的。明年也到了我该退休的年纪了，所以正是一个完完整整的职业生涯和三中全会连在一块。

这么多年来，在中国改革开放进程中，我们从事的研究始终跟国家的改革开放大形势密切联系在一起，我个人在学术上的成长和国家的发展也是密切相关的。所以我觉得非常幸运能够生在这样的时代。

今天为大家汇报的是想结合三中全会的内容，谈一些关于文化产业研究的体会。我想从解释文化产业的一些概念性、理论性的内容入手，分析中国文化产业的发展机遇，然后结合三中全会的内容，讨论一下当前中国文化产业的形势和特点以及发展的趋势。

这个 PPT 文件在家里准备好了，我昨天晚上又作了一些改动，我就根据今天的主题和大家汇报一下我个人的一些学习体会。

（一）如何理解文化产业的概念

为什么要把对文化产业概念的理解放在最前面呢？就是因为文化产业这个概念本身无论是在中国还是外国，都是比较新的概念。文化和产业在传统人文社会科学的理论视野中，是完全风马牛不相及的概念，文化就是文化，产业就是产业，文化是花钱的，产业是挣钱的。一个国家就是在经济上获得了收入，拿到了税收，有了财政上的支出能力，然后花钱把文化做好，这是过去传统上所理解的文化。但近一二十年来，文化产业全球范围内越来越被普遍接受为通用的政策性概念。这个过程是怎么发生的？我觉得需要有一个准确的理解。除此之外，文化产业有很多表达形式，甚至概念用语都不一样。我们国家官方用的是“文化产业”，但是上海用“创意产业”，北京用“文化创意产业”，日本用“娱乐产业”，韩国用“数字内容产业”，台湾用的也是“文化创意产业”。概念用语的形式多种多样，概念涵盖的行业、门类都不同，甚至概念的结构也不一样，核心的内容有哪些，范围涵盖哪些、结构都不一样。我不希望把这些概念排列在一起，然后去分析它们在行业覆盖和概念用语上的细微差别，我觉得应该把文化产业放在历史维度中进行理解。所以我首先要讲的内容是：文化产业是一个历史形成的概念。

下面从经济文化化和文化经济化两个历史维度分析文化产业概念的由来，这样能够建立起一个理解的框架，以便我们在看到文化产业的各种不同表述，或者不同国家对于文化产业的表述侧重点不一样的时候，有一个理解的基础。

1. 从经济到文化的历史逻辑

首先是从经济到文化，这一块相对来说贴近我们所理解的经济发展、人类发展的历史常识，尤其是第一产业、第二产业、第三产业，这是通常在政策文件里所使用的语言。但是“第四产业”和“第五产业”就不太清楚了。

把整个人类经济社会发展的历史理出一个线索，可以看到，文化经济实际上是人类经济社会活动发展必然要走向的一个历史阶段。第一产业、第二产业、第三产业都很好理解，第一产业是以农业为基础的经济，大家都知道。以农业为基础的经济占据了人类社会主要的历史，工业经济只有几百年。在这个发展阶段，国民经济的主要部门是农业，绝大多数劳动力生活在农村。从工业革命开始，我们进入了第二产业阶段。第二产业阶段就是以加工业为主要的国民经济部门，国民收入主要来源于工业加工部门，主要劳动力是在工厂从事工业劳动，主要人口从农村转向城市，这是以工业为基础的经济。我们国家正处在工业化中后期。第三产业为主的阶段是以服务业为基础的经济，在定义上各有不同，因为服务业最宽泛的定义就是除了第一产业、第二产业以外全是第三产业，各有各的发展特点，不同国家服务业的定义也不一样，经济学在这方面有很多研究。

这三大产业是目前我们比较熟悉的，再往下第四产业是以知识性服务业为基础的经济，这是一个比较新的发展趋势，知识经济是 20 世纪 90 年代在西方开始热烈讨论的新的发展阶段。很多人应该记得，90 年代的时候，我们国家有一段时间对知识经济进行了很多讨论，当时中国科学院、科技部这些机构都成立了课题组，讨论知识经济与国家创新体系。起源就是国际上一个发达国家的国际组织 OECD（经济合作与发展组织），这个组织在 1993 年、1994 年的时候出台了几个重要的文件，其中第一个文件探讨知识经济，第二个文件探讨国家创新体系。

探讨知识经济的这个文件的基本结论就是，世界上主要发达国家已经从传统服务业走向了知识性服务业的新阶段，在这些全世界最发达的国家服务业已经占到国民经济总产出的 70%~80%。但是进一步的研究发现，这些国家不光是第三产业服务业达到了 70%、80%，在服务业里，又有70%、80%是在从事知识的生产、传播和消费，生产知识、传播知识、消费知识，从事着这样的活动。他们认为这些国家已经进入了以知识为基础的经济发展新阶段，由于进入了这样一个阶段，出现了一系列的变化，因为知识作为经济资源，它和传统的经济资源是不一样的，生产知识、消费知识、传播知识所遵循的规律也是不一样的。当时有很多文章讲知识的生产和消费颠覆了传统经济学的规律，如传统经济学讲边际效应递减，知识经济的特点叫作边际效应递增，对于知识的消费越多就越带有依赖性。包括知识生产的微观组织结构不一样，知识生产的规律也不一样，整个国家的产业形态也不一样。他们就说我们必须进行大规模的制度创新，所以叫作国家创新体系。

以知识为基础的服务业，他们认为这是一种全新的产业形态，你说它是传统服务业的升级版也行，你说它是取代传统服务业的第四产业也可以，这是全世界都出现了的普遍现象，但是这里面有一些具体的知识。他们说最核心的技术就是数字化信息技术，这个数字化信息技术的出现改变了一大批服务性生产活动的性质，把人类社会发展推进到新的发展阶段。这样的文件出来以后，在欧盟范围内开展了一系列重大的讨论，出台了一系列文件，因为要建立国家创新体系，这是一个非常大的事情。后来，他们发现知识经济实际是文化经济。在1997年的时候，我在社会科学院哲学所，我们也成立了一个课题组，就叫知识经济与国家创新课题组。当时我们对知识经济的国家战略和国际外文资料进行了搜集整理和分析，我们发现知识经济的国际讨论存在一个问题，我们国内讨论知识经济的人都是自然科学领域的人，都是科技部、科协和国防科工委的这些人，实际上这些人对知识的理解是片面的，他们基本上是从自然科学的角度去理解知识经济的“知识”。我们当时发觉，如果知识经济最基础的技术是数字化信息技术，数字化信息技术所负载的知识内容，实际上大部分不是自然科学知识，而是文化知识，数字化信息技术带来一个根本性的变化，它能够把文化、历史、艺术的所有资源全部数字化，数字化上载到网络中，它可以在这个基础上生产出各种各样的新媒体形式和文化产品。当时我们就说，如果只把知识看成是自然科学知识，就把知识给窄化了，当时我们有一个判断，知识经济是“高技术”和“高文化”的联姻。这个论断在 2004 年被证明了，因为我们参加了一个课题，是国务院信息办要出台一个关于“信息资源的开发和利用”的文件，他们请我们去作前期研究，我们和一批做信息技术的大专家讨论了一两个月的时间。他们做了一个非常有意思的报告，他们说我们起草这个文件的目的是推动国民经济信息化发展，因为我们国家的信息资源主要掌握在政府手上，政府把自己手上掌握的信息资源都拿出来，才能够启动信息产业。他们提出了一个问题，就是信息内容到底是什么，经过大规模的调查，他们发现信息内容 70% 是文化内容，只有 30% 是非文化的，所以他们认为这个文件最重要的是提出了信息内容产业。可以认为，这是从信息技术专家的角度提出了文化产业的概念。

欧盟到 20 世纪 90 年代末的时候，也从信息产业，或者说从知识经济的讨论走向了文化经济的讨论，从信息技术和信息产业走向了信息内容产业，然后内容产业更多走向了文化信息内容。所以到第五个发展阶段的时候，是以艺术和文化知识服务业为基础的经济，最终构成人类经济生活的基础，是我们自己创造的文化知识，这是人类经济发展的一个必然过程。前面消费的都是自然资源，但是人类社会真正最长久无限的资源是我们自己创造的文化资源，当自然资源枯竭的时候，文化资源可能就是最重要的东西。

2. 从文化到经济的历史逻辑

从经济到文化，我们可以看到这样一个发展过程，人类的经济活动越来越走向文化面向，这是一条从经济到文化的线索。另一条线索是从文化到经济。文化是不是和我们想象得那样，和经济活动历来不相关呢？完全不是，正像马克思讲的，文化从来都是和经济基础密切相关的，从来都不能脱离经济基础。在我们看来，文化的发展其实越往后就越走向和经济的融合，我们也可以划分为五个阶段，当我们研究这个问题的时候，我们发觉文化的发展阶段、文化经济化发展的历史逻辑，可以和经济文化化的发展逻辑基本融合。

第一个阶段叫作传统文化阶段，传统文化阶段是以农业为基础的，这个传统文化是以脱离大众的精英文化为标志的。

在农业经济阶段，国民经济主要依靠农业生产活动，主要的人口从事农业劳动，居住在农村，社会的再生产能力非常低，只有少部分人有条件有能力从事文化创作和消费活动。直到工业革命前，人类社会所有的国家都有一个共同的特点，文化艺术活动存在于精英圈子里，如贵族、皇室、教会等等。这个阶段文化的生存方式在西方是供养，是上层社会，如贵族、精英阶层、教会所供养的。我们知道，很多大艺术家都是为教会画画，都是由上层的统治阶级来购买他们的艺术创作。在这个阶段，文化艺术活动都和消费、收藏直接相关，没有任何中介，由这些统治阶层出钱供养这些艺术家，把艺术家养在他们的宫廷、教堂里，然后直接生产，生产出来的产品就由他们收藏。这是传统文化阶段，用公式来表示就是：A → C，A 是艺术家或者艺术品生产，C 是消费或者收藏。由于没有中介，就从 A 直接到了 C。

第二个阶段是从传统文化到商业文化阶段，这和工业革命相关。在以工业为基础的发展阶段，马克思讲了一句话：工业像魔术一样从地下呼唤出大量的人口。工业革命推动了人类历史最大规模的变迁，主要的人口从农村大量进入城市，生产方式从农业方式进入工业化方式，生活方式发生了很大的变化。工业生产所需要的技能给劳动者带来了教育的需求，他们必须上学接受基础教育。工业生产的规律性和工业社会的工人阶级、资本家的斗争，也造成了八小时工作制，使得他们有了闲暇时间。因此，大量人口进入城市以后，他们的生活环境发生了变化，收入提高了，接受了教育，同时产生了分享文化成果的需求。所以大众文化需求是工业社会出现以后才产生的。

当大众普遍产生了文化分享的需求以后，我们会发现传统的文化艺术存量很小，所以会在大众的需求和少量精英文化产品之间出现一个巨大的落差。这种落差就导致了两种技术的产生，一个就是大规模复制技术的产生，工业革命中就出现了大规模印刷技术，生产出了很多人能够消费的低廉文化产品（在印刷机产生之前，图书的复制都是手抄的形式，价格昂贵）。还有一种市场交易技术，这个时候出现了文化商人，他们把大规模复制出来的文化产品，通过商业化的方式卖给对这些产品有需求的消费者。我经常举一个例子，就是百科全书派。百科全书派的思想家，他们把工业革命中产生出来的人类新知识，系统地用一个科学的方式编排，印了一部书叫《百科全书》，推动了进步的唯物主义思想传播，向传统的教会提出了挑战。百科全书派在欧洲历史上开启了非常重要的启蒙运动，对欧洲进入现代社会起到了非常大的作用。以前在上学的时候经常会读到百科全书派的东西，只是知道他们的思想，直到最近买到一本书才明白百科全书派在欧洲之所以这么快地传播，是因为有一个书商用了他一生的时间在全欧洲编制了一个巨大的图书销售网络，然后把《百科全书》这一部非常大的书销售到欧洲不同国家有能力买的人，使得百科全书派的启蒙运动变成了全欧洲的运动，这个书商是欧洲有史以来第一个最成功的书商。我看的那本书叫作《启蒙运动的生意》。这本书的作者在欧洲的档案馆里发现了数千封商业书信，就做了这个研究。

总之，在工业化阶段，文化发展开始和商业活动相关了，文化产品的生产创造和消费中间加进了一个商业环节，我们把它用公式来表示就是：A → B → C，中间有一个商业化的环节。这是文化活动开始和经济活动有了密切的联系。

第三个阶段是从商业文化到文化产业阶段，这个阶段非常有意思。这是我们现在所说的文化产业发展的第一个阶段，这个阶段相对应的就是服务业发展阶段，时间就是在两次世界大战之间。这个时期的“文化产业”在英文上是单数，industries 应该翻译成“文化工业”。文化产业在当时所依附的是带有工业特点的大规模复制技术，这还不是印刷技术，叫作现代广播技术。现在都是用数字化技术，数字化技术所代替的是模拟技术，模拟技术是从电报来的。英国人马可尼发明了电报，从电报到收音机，把电报的接收变成一个非常方便的装置。从收音机到电视机、电影、音像，从 19 世纪末到 20 世纪的前三四十年，形成了以现代广播电视技术为核心的一整套大规模复制技术。这一套技术和前面的印刷技术的区别在于，印刷制作出来的文化产品的消费者要有阅读能力，消费者需要经过培训，广播电视通过视和听来传达信息，消费者不需要具备文化和教育条件，所以消费者无须任何培训，不识字的人也能听能看，它大大普及了文化的消费范围。现代广播电视技术有一个特点，建一个电视台可以覆盖一个民族国家，之所以这么做，是因为电波本身的频段是稀缺资源。稀缺资源需要国家来进行分配，国家在分配这个稀缺资源的时候就必须规定哪个频段是电报用的，哪个频段是电视用的，哪个频段是广播用的，民用的和军用的都必须分开，所以频段资源是垄断性的稀缺资源。谁占有了这样的频段资源，就能用电波所负载的文化信息瞬间影响一个民族国家。西方社会马上就产生了一个问题，如果这个东西被私人控制，那一定意味着这个人所支持的政党就可以在任何一次竞选中取胜，因为别人的声音都不被人听到，他可以通过电波覆盖整个国家领土，传播一个政党的声音。由于具有了垄断性和稀缺性，所以它必须由国家来控制。这样大规模传播的技术，如果没有一个工业化的产品制造系统，它就不可能支撑，一个电台 24 小时运转，每分钟都要播出内容，这个制作和传统的印刷完全不一样，它的巅峰时期就是好莱坞的电影制片工业。所以我经常讲这个例子，好莱坞的电影制片厂就像美国福特汽车厂一样，它们生产的特点、规律是完全一致的。福特汽车生产线就是大工业的典型，它是生产线在中间，人配合生产线走。美国好莱坞制片厂在全盛时期是纵向一体化大型产业化公司，它的前端雇用了大量剧作者，写作类型化的剧本，中间是一个非常大的电影制作工厂，具备各种制作电影所需要的技术性要素，它的后端是院线。如果一个企业从前端控制了剧本，中端控制了生产，后端控制了院线，那么它的生产活动和赢利活动基本就没有任何问题，它是垄断型企业。后来人们研究好莱坞电影全盛时期的模式，就说好莱坞的模式和福特汽车生产线没有区别，它的生产规模是以它每年制造出来的电影胶片的长度来计算的，就是一年生产多少公里长的胶片，它的规模就有多大，它可以完全不考虑市场怎样竞争，它是垄断性的。这种竞争方式有一点像传统工业化模式，由于它的规模达到相当大的程度，它的成本大大降低，所以好莱坞可以推出5分钱的电影票，使得美国电影院线全面繁荣。这时德国的学者就开始批判美国的制度，说这是用工业化的方式来生产文化产品，是对文化产品独特性的一种伤害，这是美国资产阶级控制工人阶级的新形式，所以这是文化工业。所以说，否定性的“文化工业”是文化产业的第一阶段形态，或者说“第一次文化产业”。

第四个阶段是从文化产业到内容产业。用我的话说，这个阶段是“第二次文化产业”，和知识经济阶段相对应，从模拟技术发展到新型的数字技术。知识经济最主要的技术基础就是数字化信息技术和网络技术，知识经济作为数字化信息技术，它对应的是文化产业发展的第二个阶段。我们在1997年研究了一段时间的国家知识经济，写了几篇对策性报告，到1998年、1999年，我们接到了中宣部研究室的委托。当时有中国的第一个改革案例，是广州日报集团，它是1996年成立的，广州日报集团成立了第一个中国的报业集团，而且非常成功。中宣部就想在这个基础上出台一个文件，推动“集团化改革”，做大做强文化产业。这个文件的出台是在2001年，为了出台这个文件做了八个报告，其中有一个就是委托我们做，叫作“世界传媒业的现状和发展趋势”。我们用了半年的时间，研究了国际传媒业的现状和趋势，主要是建立在数字化信息技术和网络技术基础上的新媒体的发展，也就是从传统的文化工业走向文化产业这一阶段的发展情况，我们把这个情况都了解了。

数字化信息技术的产生在欧洲引起了非常大的讨论，我们现在讲的三网合一是从那里来的，叫作传媒汇流。他们认为现代社会的电信、广播、网络，这三大传媒最终会被网络所整合，传统传媒分别由不同的政府部门管理，是竖井式的管理，电信管电信，广电管广电，现在整个大趋势是出现了汇流，而且他们说在企业层面上，这三大传媒所提供的服务都已经是统一的了。广电可以提供电信服务，电信公司也提供电视内容服务，而网络作为一个后起者，正在整合它之前的传媒形式，所以这叫作传媒汇流。适应传媒汇流大势需要放松管制，管理部门要合并，国家和国家之间不能再有界限，应该开放边界。数字技术、传媒汇流、放松管制，结果就是形成了全球性的传媒市场，最后形成了全球九大传媒集团。中宣部委托我们做的是全球九大传媒集团的案例，我们分析完了趋势之后，就把九大传媒集团所有的案例逐一作分析，分析的结果非常令人惊心动魄，因为这九大传媒集团实际上已经全部瓜分完毕了全球传媒市场，一级市场全都没了，这九大传媒集团当时的收入是 50 亿 ~150 亿美元，这是全球第一板块。第二板块是区域集团，都在 10 亿 ~50 亿美元，第三板块是国家集团，都在 10 亿美元以下。前不久中宣部又开会，让我提供一些国际性文化集团的案例，我又把这个报告拿出来。今年刚刚有罗兰贝格做的全球 50 大文化企业排名，前三家依然是十几年前九大传媒集团中的，前九大中只有一两个位置的变动，其余六七个基本没有变化，但是它们的规模现在完全不一样了。现在前九大传媒集团的规模都在 150 亿 ~300 亿美元。它们的业务结构，每一个传媒集团都有十项左右的业务，每一家都是多元化的，每一个传媒集团都在某一两项业务领域，在全球占到 60%~70%，而在其他领域与另外 8 家分享。用他们的话讲，我们已经构成了全球的网络，我们可以相互竞争、兼并重组，但是这个俱乐部是很难进来的。谁要想加入第一板块，你必须准备好 150 亿美金，还要准备好失败，没有 150 亿美金是进不了俱乐部的，九大传媒集团基本把全球的传媒文化市场给瓜分完毕了。面对中国的整个形势是非常严峻的，我们要迅速做大做强，文化产业就必须有自己的特点。

这个阶段有一个特点，由于出现了传媒汇流，就出现了一种情况：在前一个阶段频段是稀缺的，是垄断性的资源，所以要国家控制，到了数字化信息技术阶段，这个资源的稀缺性被彻底克服了，数字化信息技术和网络技术是数字化的压缩和大规模传输技术，有了数字化的压缩和大规模传输技术，以往的电波频段有限通过率被彻底克服了，所以广播、电视、电信的频道电波已经不再是稀缺资源了。在人类历史上，传媒手段第一次出现了过剩，传播的内容第一次出现了不足。目前我们每一个人拿的手提电脑，硬盘存储规模日益扩大，原来是以 G 为单位的时候，能够装进全国一年所有出版物印刷的数据量，现在是以 T 为单位了，装进来也只是很小的一个部分了。这样巨大的信息存储量，还可以在瞬间发布到全世界任何地方。数字图书馆有一个理想，就是任何人在任何时间任何地方，可以接触到任何他想要的文化信息。技术进步到这样的程度，剩下的就是内容不足，一个网络空间，基本上没有国家民族的界限，只有不同文化的竞争，所以开辟了一个新的竞争市场，在这个市场里，消费者群体比较少的文化族群相对于大的族群，劣势是非常明显的。

欧洲人谈文化产业，为什么这一轮文化产业欧洲人谈得特别积极？这个阶段的文化产业是欧洲人在 90 年代开始谈起的，他们第一个文化产业的官方文件是 1997 年的，当时的欧盟轮值主席国是芬兰，我们知道芬兰有诺基亚，芬兰是这一轮经济发展过程中特别成功的国家。因为有诺基亚，它在 1997 年提出文化产业发展倡议的时候，它就讲了这么一段话：由于芬兰只有300万人口，当信息化技术特别强时，我们发现网上基本没有芬兰文的内容，年轻人上网主要看英文，我们的经济发展、技术进步，可能导致文化逐渐消亡；如果不采取措施，在一两代人之内，就不知道什么叫芬兰文化了，他们就变成了没有芬兰文化意识的一代人；所以我们就需要通过国家的力量，以财政的方式，把文化的全部遗产数字化，上载到网络上去，让年轻人能够看到，使得我们的文化能够传承下去。这个建议在欧盟范围内得到非常大的响应，在欧盟范围内推动了文化的发展。

在这个阶段文化工业就走向了文化产业。我们刚才讲所有的文化资源，不同行业积累下来的文化，都可以上载到数字化网络，这样的数字化资源为产业发展提供了巨大的空间，这就引起了大规模的文化产业发展的新高潮。

第五阶段就到了创意产业（或者创意经济）阶段，创意产业是什么？创意产业最重要的特点是推动了文化产业和国民经济各行业的普遍渗透和融合，创意产业的提出标志着文化经济融合时代的开始。当我们把所有的文化资源上载到网络上之后，文化的发展、文化经济的接口就和原来完全不一样了，原来的文化消费面是很窄的，我们满足的是最终消费需要，很多过去积累在国家内部的资源都变成可消费的产业资源，大量的艺术品、艺术符号以前只能放在艺术馆里，你看不到，现在数字化以后，可以开发成各种各样的文化产品。这为文化产业和相关产业的融合提供了崭新的巨大机会，文化产业本身就是一个消费性服务业，也是生产性服务业，文化产业变成带动一批相关产业发展的普遍性产业。相关的经济活动环境不一样了，这个阶段也有人称为体验经济，消费品极大丰富和过剩，使得任何一种功能性产品的消费都和体验性的内容有关。

欧洲人讲文化经济的时候讲了一个基本道理：我们周边所有要消费的与生活相关的产品都分为两块，一个是功能性部分，一个是表达性的部分，功能性的部分就是衣服要保暖遮体，表达性的衣服有品牌、样式、流行色，衣服代表了人的品位，那叫表达性的部分。现在的生产活动已经使得我们的物品大量丰富过剩，这种竞争越来越表现在表达性价值领域，所以我们周边所有的消费品里，它们的价值含量里，你购买的体验部分也远远超过了购买的功能性部分。买一件衣服好几千块钱，估计加工费也就一二十元，整个经济就转向了以文化附加值为标志的全新经济。

这就是从文化到经济的发展逻辑。这是两条理解的线索，这两条理解的历史线索，我们可以拿来分析所有和这相关的现象。不同的国家和地区可能处在不同的发展阶段，不同的发展阶段可能有不同的发展需要，对文化产业概念的使用就会侧重某一个方面，讲文化产业的国家，往往侧重于文化的产业部分，侧重于大规模复制，满足大众消费的部分。讲创意产业的国家，往往侧重于文化的前端内容创造部分，因为它强调内容创造性和个性化是最重要的，一般的满足消费需求已经不行了，要满足多样性的消费，这时候就要有创意。每一个国家处在不同的发展阶段，它的需求不一样，它使用的概念就会有所不同。这会帮助我们建立理解架构。

（二）全球化条件下当代文化产业的新特点

理解了经济文化化和文化经济化的发展新阶段，我们就会理解在全球化条件下当代文化产业的新特点，不同文化的国家处在共同的空间里。由于这种情况，不同发展阶段的国家处在全球化共时性的空间里，在全球就形成了分工，当代文化产业的特点就是这样产生的。

1. 经济全球化的结构分层趋势

经济全球化的结构分层趋势，像奈斯比特把全球国家分成了三层结构，最高的是进入文化经济的国家，这种国家会把加工业和工业向二层国家转移，下一层是以工业生产为主的国家，工业国家也会把低端产业向更下一层转移，最底层就是农业经济国家。处在上层的国家会以先进的传媒技术负载文化符号及文化价值观念，主导以工业制造业为基础的国家，以及以农业经济为基础的国家。文化产业同样是这样，由于现代传媒主要的技术和资本集中在高端国家手上，它们就有能力以全球文化资源为开发对象。因而文化产业落后的国家的文化资源就会变成好莱坞的开发对象，而自己老百姓消费的文化产品，是好莱坞用它们的文化资源制成的文化消费品，像《花木兰》，是我们的故事，美国人拿去做成电影赚我们的钱，造成我们出售资源购进产品的局面。在传统经济里，经历过出口自然资源产品，购进工业制成品的发展阶段，如果我们现在不奋起直追的话，也会在全球文化产业系统里变成一个出口资源进口制成品的国家。

2. 大城市化的趋势——城市成为全球化的主角

全球市场已经从产业间分工走向产业内分工，最后走向产业链的分工，这种产业链的分工是指任何一个全球化的产品，它的生产过程是在全球范围内分配几个地方做成的。美国大片是在美国寻找剧本、演员、投资，他们会在新西兰取外景地进行拍摄，后期制作会在澳大利亚布里斯班，这样在全球范围内会出现各具特色的创意城市。这样就出现了一批引领世界潮流的中心区域，这就是现在联合国教科文组织要推动全球创意城市网络的由来，也是中日韩要做一个东亚文化之都的动机，城市间的交往会越来越频繁，很多事情以国家的方式交往还不如以城市的方式交往。

我在北京参加一个北京国际音乐比赛，这个比赛一直靠私人在运作，非常尴尬。他要在北京拿钱，北京政府就说你叫国际音乐比赛，那肯定是国家的事，你得去文化部拿钱，然后到文化部，文化部说我们没有钱，我们发起的音乐比赛，最后因为没钱，就给到城市了。如果要到文化部拿钱，就得说中国音乐比赛。后来这个朋友说外国就没有叫美国音乐比赛、德国钢琴比赛，没有的，只有慕尼黑钢琴比赛，比赛都是以城市命名的，没有以国家命名的比赛。这几年就这样绕来绕去，弄不清楚。这是一个大趋势，城市今后会成为全球化的主角，在这个意义上讲，泉州就是非常有条件成为全球化主角的城市。

二　我国文化产业发展的机遇

我国文化产业这十几年来狂飙突进式地发展，从2000年十五届五中全会第一次提出文化产业，把文化产业发展纳入国家战略的政策文件，经过2003年的文化体制改革试点，2005年、2006年试点的铺开，到“十二五”规划产业发展规划提出“国民经济支柱产业”，我们经历了一个迅猛的发展过程。

这些年来大家讨论比较多的是什么叫国民经济支柱产业，“十二五”时期能不能实现国民经济支柱产业的发展目标。

我们可以测算一下，按照“十二五”提出的国民经济支柱产业的发展目标，有没有可能实现？可以作一个简单的分析。我对这个问题的回答是两句话，第一句话是中国的市场有足够多的机会、有足够大的市场空间，使得我们的文化产业保持一个比较高的发展速度；第二句话是在这个市场空间，文化产业做得怎么样，能否实现这个发展目标，要看文化产业自己的发展方式是否合理。文化产业的发展还有这样那样的问题，它自身的发展方式还存在一些问题，三中全会指出的新的发展方向对我们国家文化产业下一阶段的发展非常重要。

支柱产业的目标到底是什么目标？支柱产业就是要占国民经济的5%，按照温家宝的说法，“十二五”期间每年增长7%，到了2015年，我们的GDP总量就是55万亿元。从这两年的情况看，每年都增加7%以上，那么到2015年就是60万亿元，5%就是3万亿元，2015年能够达到3万亿元就是达到了GDP总量的5%。从2010年的1万亿元到2015年的3万亿元，每年的增长率是22%。

我们来分析第一句话，有没有市场空间？这个东西生产出来有没有人要、有没有需求，我们认为市场空间是有的，这个答案非常肯定——五大机会，中国的文化产业发展有五大空间。

1. 作为消费者服务业的发展机会

关于文化产业说得最多的一句话，就是它是满足人民群众日益增长的精神文化消费需求，文化产业的第一目标就是满足这样的需求。从目前中国的情况来看，中国人民群众的文化需求怎么样，是否有这样的空间，回答是肯定的。2003年、2004年曾经测算过，如果中国人均GDP达到了3000美元的时候，和国际平均文化消费水平之间有多大的差距？我们发现这个差距非常大，我们几乎是国际上同样水平的1/4~1/5，如果我们达到3000美元，按照当时的文化消费状况，我们有4万亿文化消费是没有能够实现的，这个数字自金融危机以后，受到中央领导的高度关注，一再提到这个测算结果，很多领导人都在问这个测算结果是怎么算的。文化部最近专门委托人大做了一个文化产业的指数，又做了一次测算。目前人均 GDP 是 6000 美元，按照国际平均水平，我们的文化消费还有 36000 亿元没有被满足，这是最近刚算出来的。

为什么有这么大的消费潜力没有被释放呢？这和我们的宏观经济模式有关。2001 年加入 WTO 以后，连续多年发展速度一再提高，但是发展的问题越来越严重，投资大大超过了消费，成为经济发展的主要动力；外贸依存度越来越高，第二产业每年都在超过第三产业的发展，我们的经济发展速度特别高，但是我们的经济结构日益恶化，经济中存在的问题越来越多，其中最重要的问题是消费一直没有能够启动。2008 年金融危机以后，中央再次强调把转变发展方式作为主线，而不是把增长速度作为主线，以科学发展观作为主导，以转变发展方式为主线，这样就会开辟出新的发展形势。也就是说，我们会采取一系列的方法来启动消费，来抑制投资，国家的宏观政策也向启动消费、鼓励消费的方向发展。

2. 作为生产者服务业的发展机会

文化产业作为生产者服务业，在满足人民群众日益增长的最终文化消费需求之外，也是一个满足相关产业生产性服务需求的产业。这个概念对很多人来讲比较生疏。文化产业不光是生产电影、图书、报纸、刊物、动漫等等，文化产业中像设计这样的行业，它为建筑业生产设计的方案，为服装业生产提供的服装设计、品牌设计，推广传统品牌的产品。中国传统经济结构存在很大的问题，前几年有一句话很风行，就是从中国制造走向中国创造。加入 WTO，中国赶上了一班车，我们抓住了承接全球性产业转移的机会，发达国家受到这一轮新经济发展的刺激，把它们的传统产业大规模转移出来。它们开始腾笼换鸟，它们想抢占新经济的高地，中国正好加入 WTO，所以承接了全球制造业的转移。但是“成也萧何败也萧何”，这也是中国这几年经济恶化的原因。我们抓住了这个国际发展机会，成为全球制造业中心，但是我们的问题就在于这个制造业中心一直在全球价值链中处在低端位置，这个低端位置非常脆弱，除了收入少、污染环境等不良结果之外，2008 年还突然产生了经济危机，就暴露了我们在全球体系中地位的脆弱性。

我 2007 年第一次到厦门来，就是了解到这边从事国际贸易的企业大规模倒闭，他们谈了大量的问题，说已经快坚持不住了。2008 年我又到浙江，看到从事国际贸易的企业大量倒闭，那些仅仅承接加工环节、没有自主品牌的小企业都经历了一次国际性的洗牌。剩下的这些企业就知道如果没有自己的设计和品牌，就没有在国际市场上长期立足的基础，它们突然觉得和文化产业之间有一个内在的关联。

我认识一个台湾人，他在美国成立了一家艺术授权企业，我认识他的时候是 2002 年，在中国待了五六年，授权就是把艺术家的艺术品的著作权授权给企业生产。比如把齐白石的画，授权给做瓷器的厂商，然后瓷器厂商可以把齐白石的画印在瓷器上，由于这个瓷器上有了艺术家的画，一块钱的东西就可以卖两块钱。艺术授权是一个典型的创意产业，让传统的艺术产业服务于生产企业，给它们提供高附加值的艺术服务。我认识他以后，一直到 2010 年，在中国大陆几乎没有什么市场，他只在中国拿到艺术家的授权，但是根本卖不出授权产品，他也不敢在中国卖，因为盗版厉害，他也卖不掉，因为厂商根本不买他的东西。我介绍给文化产业司，产业司把他介绍到宁波的文具协会，全世界 70% 的文具是由这个协会会员企业生产的，他告诉这个协会你们的劳动力都是拼成本，没有自己的知识产权和设计、品牌，我给你们搞艺术授权，那些企业家都不听，说自己的订单都做不过来，台湾人就没有办法了。回来跟我讲，很痛苦，后来我跟他说，这 1200 个企业如果变成了 120 个，每一个都增加了 10 倍的规模，那你就有戏了，如果变成了 12 家，那你就发大财了。到了 2010 年，他说今年是我的艺术授权的元年，前两年 30 万元、50 万元的交易都要自己出面谈半天，2010 年 300 万元的项目，就找助手一个小时就谈定了，大企业是找上门来，以前是上门人家都不理他，现在人家到北京去找他，半个钟头就可以谈定，而且他自己都不用亲自去谈，形势发生了很大的变化。

中国传统的制造业、加工业，在新一轮全球化竞争中，特别是经历了 2008 年金融危机之后，面临巨大的升级换代压力。这些企业要做自己的设计品牌，就必然向文化产业提出一个重大的需求，我们的文化产业除了满足人民群众的精神文化消费需求之外，还要满足中国传统制造业的需要，这个需要甚至大于最终消费需求。最终消费需求不会在一两年有大的增长，人的消费是习惯性的，不会听交响乐的人，不会一两年之间突然对交响乐有兴趣，不喜欢看话剧的人，也不会在一两年之间突然要看话剧，这是一点一点积累的。一个企业要是突然觉得这是生死攸关的问题，它会拿出大笔钱做这个事情，所以产业转型产生的需求远远大于最终消费需求，所以我认为这一块是中国文化产业在未来五到十年最为重大的机会。

3. 作为数字内容产业的发展机会

数字内容产业——这一轮文化产业是第二次文化产业，是以数字技术为基础的产业，这一轮新媒体数字化信息技术和网络技术为主体的新技术革命，现在还处在初期阶段，已经引起了这么大的变化。我们做文化产业蓝皮书，每到年底都要分析几个部门的年报，第一个是广电部门的年报，第二个是工信部的信息产业年报，第三个是每年两次的互联网报告。广电部门年报的特点是传统广电服务覆盖率早已达到 95%，不可能再往上走了，而新型的增值服务每年都在迅速增长，有线电视、收费电视，这些是商业性的。最明显的就是电信部门，“十一五”时期中国电信每年的增长率非常吓人，电信每年增长 1 亿的用户，这两三年的特点是移动用户的增长速度大大超过了固定用户的增长，固定用户在三年前开始下降，前年的移动用户是 1.2 亿，移动用户的增长不仅填补了固定用户下降的空间，还拉动了总量进一步上升。2008 年以来，我们最关注的就是多媒体移动终端，就是所谓的 3G，现在我们手上用的都是 3G，这是移动多媒体数字终端，这个东西的出现使得互联网进入了移动时代，拉动了中国三网合一的进程，这个终端上什么都可以看到，到最后只有屏幕的区别，因为平时看一条短信就用小屏幕，想看视频就用 iPad。这个东西变成了时尚，每出一个新产品，年轻人都要去抢，这变成了集娱乐、功能性服务、资讯服务为一体的产业龙头。中国的新媒体领域，由数字技术带动的数字内容领域，在这个领域中国文化产业有全世界最大的发展机会。我们国家的消费增长速度、我们国家庞大的青年消费人口，国际上最著名的互联网企业都要在中国设研究院，就是因为人口太庞大了，投资最大的技术都可以在这个规模的市场里马上得到实验，几百万几千万人口的国家是完全不能比的。所以中国企业唯一有可能在全世界做成巨头的就是新媒体，所以全世界最关注的就是中国文化产业在数字产业上的作为。出版广电产业是在传统体制内，数字内容产业是在体制外，市场机制对这个产业的推动作用，消费的活跃程度是全世界都可以预期的。

4. 作为一个城市化产业的发展机会

城市化是中国这一轮高速发展最主要的推动力，这十几年来，中国文化产业最成功的发展模式，或多或少都和城市化有关。我们主要靠地方政府驱动文化产业发展，地方政府拿土地优惠政策来推动文化产业，地方政府想发展文化产业，最可能拿出来的优惠条件就是土地优惠。

有一个概念大家都在争论，就是文化地产，所有人都在说文化地产不好，我经常讲有文化地产总比没文化地产好。城市化是一个文化融入的进程，每年两千万人从农村进入城市，中国要增加两千万的城市人口，这些城市怎么建？建得有一点文化不是很好吗！房地产企业竞争这么激烈，当然要以文化为主题在竞争中取胜，这些东西都没有问题，问题出在监管上。企业要做文化，政府就看着它，一定要让它把文化做好。不能是企业以做文化为由把优惠的土地拿走了，不做文化项目，也不被监管不受惩罚。这是讲文化地产的积极方面。

也有消极的方面。文化产业的商业周期远远长于地方政府的执政周期，如果地方政府想在任期内获得文化产业发展可见的成果，除了用文化地产的模式去做之外，基本就没有其他可能了。任何一个文化产品的周期都要长于一个地方领导的任职周期，所以就出现了像曲江这样的典型模式，做一个文化园区，做之前把周边的地都拿下来，做了以后，周边地价起来了，用土地收入来补偿这个文化投资项目。这个文化投资项目需要 10 亿元投资，本来需要十年二十年，但是周边的土地价格起来了，所以这个项目什么时候回收投资就不在意了。中国文化产业在发展初期必然要经历依赖于地方政府的阶段，这是不可避免的，但是的确存在拿文化产业园区做政绩的现象。

我见到过一个最露骨的地方政府支持文化产业的优惠政策文件，他们让我们帮忙策划一个项目，说有很好的优惠政策，拿来一份文件，上面写着，谁投资这个文化产业园区，政府就奖励给谁 40 平方公里的煤田。这个煤田已经勘测好了，这个开发期有多长，开发出来能挣多少钱，只要投资了这个文化产业园区，这个煤田就给你，这就是优惠政策。

文化地产是这个发展阶段的必然趋势。文化产业搭上城市化这辆快车，使得文化产业有这么大的发展空间，有赢利的周期，这不是坏事，因为任何一个文化投资项目都会带动周边的价值提升，关键是要把管理做得比较好。

中国高铁的发展，使得一批二线、三线城市的文化消费活跃起来。我们经常去贵州、云南、广西，农家乐火得一塌糊涂，我到贵州去，苗寨太火了。路边的农家乐很偏僻，晚上在那儿吃饭，我跟老板谈，他说一年能挣一百万元，养一二十个人，修了一个非常漂亮的苗族楼，就在路边上，其实就在一条国道旁，从广西来的自驾游的必经地，这种地方性的文化产业发展，都和公路、高铁的发展，和城市的建设有关。

5. 作为一个全球化产业的发展机会

我有一个学生，是万达王健林的助理，我跟他说，中国可能是全世界唯一一个举国之力全行业发展文化产业的国家，美国就是电影比较厉害，韩国就是游戏比较厉害，日本动漫比较厉害，中国可以同时在所有领域都发展，在全世界找不到第二个。中国的规模已经成为全球文化产业的主战场，叫作中国主场效应。万达在青岛搞的电影节就有了这么多大腕，这使他们看到中国的市场是最有价值的市场，这是中国主场效应。中国可能成为购买全球文化产品的主要国家，所以就产生了中国主场效应。

这里有一些数字，版权效益从 10∶1 降到了 3∶1，中国占全球创意产品贸易的比重是 1/5，根据联合国贸易数据库统计的数据，这个数字也很不得了。全世界文化含量比较高的创意产品市场，中国的额度是 21%，这是 2008 年的数字。中国是全球最大的创意产品出口国。

重要的是，中国现在也开始成为全球文化资本的输出国，万达兼并了美国 AMC，万达目前成为全球最大的院线，这也是一个非常不得了的事情，万达是中国第一个文化产业跨国公司。中国文化产业作为全球化产业的发展机会，我们老是说走出去，不能老说走出去，你有可能变成继美国之后第二个最大的文化侵略国家，中国这么大的体量，我们的产品走到哪个国家，哪个国家都害怕，我们的孔子学院在国外有几百所，很多国家都很反感，怕文化侵略。最好叫作文化交流，如果现在只讲走出去，不讲双向交流，那我们就会变成向国外倾销文化产品，形成一个文化倾销的印象。中国文化产业这十几年的长足发展，现在的国际地位已经完全不一样了。

这就是五大机会，我认为文化产业在中国的发展有这五大机会——最终消费服务、生产性服务、新技术的发展、城市化和国际化。这五大机会是五个方向，每个方向可以具体测算有多大的市场空间，就像我们测算消费空间一样，只是提出一些假说和构想，每个方面都可以具体研究，但是非常明显的一点就是中国的文化产业发展空间非常大。随着国家发展大战略决策的出台，我们认为今后五到十年，展示出的前景比以前会更加明朗。

三　对三中全会报告的几点理解

下面谈一些当前文化产业的特点和对三中全会的认识。

1. 增长速度下降，发展进入拐点

当前我们国家文化产业发展的形势和特点有这么几条。从数字上来看，文化产业发展速度连续几年往下走，2004~2010年，我们国家的文化产业增加值从3440亿元增加到11052亿元，6年的平均增长率是23.6%，到了2011年，我们国家文化产业的法人单位增加值为13479亿元，比2010年增长21.96%，增速放缓。到了2012年，文化产业法人单位增加值为18071亿元，按同口径和现价计算比上年增长16.5%，增速继续下降。从总体来看，中国的文化产业面临着来自外部宏观经济形势下行的压力，以及内部政策效应衰减影响，增长速度会继续下行，产业发展会出现新的形势和特点。什么叫外部宏观经济形势？这些年，国家对整个宏观经济形势一直在进行着控制，控制经济过快的增长速度，为转型腾出更大的空间。发展依然是第一要求，但是发展不仅仅表现在经济增长方面，应该为长期可持续发展腾出空间，转变经济发展的方式，这样就导致地方政府在土地财政方面的收入锐减，政府手里没钱，当然就会削减一些支出项目。

文化产业的发展这些年受到改革的影响，国家出台了一系列政策，财政每年也出台政策以专项资金补贴转型的国有文化企业，这样的优惠政策都和这一轮改革有关，随着十八大正式宣布这一轮改革任务基本完成，它的效应也逐渐递减，我们现在宣布要延长五年，但是随着改革结束，这些转型的企业进入市场竞争的时候，在和其他企业公平竞争的时候，就不能过多地享受财政补贴的优惠，这样就会产生市场的不公平竞争，也会扭曲市场的价格信息，对市场是一个不良影响，所以这些政策效应都在不断衰减。鉴于这样的情况，我们认为文化产业发展速度下降应该看作是回归常态。

2. 文化市场从总体“短缺”转向“短缺”与“过剩”并存，产业发展面临转型

我们国家的文化产业在经历了十几年的热运行以后，已经到了拐点，这个基本观点是去年文化蓝皮书的观点。这个观点遭到了很多的质疑和反对，这个拐点不是说要搞文化产业，而是产业发展形势出现了一些变化，你们不能不看这种形势的变化，变化的原因就是中国文化市场的情况发生了变化，文化市场从总体短缺转向短缺与过剩并存，产业增长进入了瓶颈期。什么叫短缺？这也是2003年、2004年提出的，当时为了论证文化产业必须加速发展，中国文化产业是一个存在着战略性短缺的产业，它的战略性表现在这个产业发展好坏不仅关系到和这个产业直接相关的领域，而且关系到一系列它带动的领域，它的短缺影响很大。

经过了这十几年的发展，在改革引发的体制性释放和政策性推动作用之下，大量公共的和私人的资金投入文化领域，文化产业产能快速提升，大量文化产品被企事业单位快速生产出来，这是一方面，就是存量膨胀很快。除了存量膨胀快，由于移动互联网和宽带技术的发展，新兴文化产业领域在市场机制作用下获得长足发展，大量普通消费者也参与到文化创业中来，供给短缺局面已经极大缓解，进入了短缺和过剩并存的发展阶段。像动漫产业的量已经大大超过了日本，但是相当大部分动漫产品没有市场价值，生产得太快了，这部分产品不符合市场需要，过度投资形成了无效的产品。

经过前一个十年的高度发展，我们国家的文化产业已经有了超越投资高峰的迹象，发展的动力将从投资转向消费，发展方式将从数量规模型转向质量效益型，大规模洗牌和兼并重组不可避免。这个市场已经开始逐步丰裕起来了，不像以前市场那样紧俏，很多产品供不应求，现在产品过量。很多生产这些产品的企业，其中质量管理比较差的，产品也没有竞争力的，就应该让它们倒闭，政府不要再把它们抱着不放 。

3. 文化产业发展方式转型的基础和动力是市场，建设统一、开放、竞争有序的市场体系已经成为改革的主线

文化市场从总体短缺走向短缺过剩并存，产业发展面临转型，当时形成了第三个特点，文化产业发展方式转型的基础和动力是市场，建设统一、开放、竞争有序的市场体系已经成为改革的主线。以国家产业政策推动的发展方式，慢慢会进入新的发展思路，在新的发展基础上，发展的基础和动力是市场统一、开放、竞争有序的市场体系，应该成为改革的主线。根据经济体制改革的经验，市场适度宽松是深化改革的机会窗口，现在我们的文化市场正处在适度宽松的局面，所以我们趁这个机会推动改革进一步深化，改革深化的主要要求就是建构统一开放的市场环境，适应国企转企改制后进一步建立现代企业制度和推动兼并重组的需要。政策的去向是应对政策红利逐渐衰减的趋势，开启新的制度红利期。

从刚才讲的三点形势可以看到三中全会在这方面对我们的重大启示和指导作用。我们昨天刚刚开了三中全会的座谈会，有一个总的印象，三中全会虽然对文化产业着墨不多，只有一句话讲到了文化产业，提到文化产业的集中度、集约化和专业化水平，但是仔细读下来，整个三中全会的决定通篇讲的都是和文化产业有关的内容，通篇讲的是建立统一开放的市场，而文化这一节也是在讲建立统一开放的现代文化市场，在这个标题下，最后一句讲到要提高文化产业集约化、专业化水平。我有几点理解。

第一是回归市场，产业主导型发展要转向市场支配型发展。所谓的产业主导型是国家对经济活动的干预，市场本身是一个自治的系统，只要它架构不被扭曲，信息是真实的，企业的决策是自主的，它的竞争就是均衡的，所以整个市场是内生的发展过程。产业是政府采取干预的方式推动经济发展，产业所要干预的领域是短板领域，是国民经济的命脉，是关键性的领域。2008 年金融危机之后，我们出台了十大产业振兴计划，文化产业也就是在这个背景之下出台的第十一个产业振兴计划，这样的做法现在都在不断反思和重新评估。发展最终决定于市场，市场是资源配置的决定性力量，这是一个最重要的判断。市场要起最终的决定作用，产业的发展要基于市场，如果产业政策用过了，政府对经济的干预作用过大了，就会使产业的发展脱离市场的需要。当产业发展脱离市场的需要，会出现什么情况？首先会出现价格扭曲，最后会出现利益集团，再往下发展就会进入死结。产业掌控得法会促进经济的发展，弥补短板，刺激支柱产业发展。用得得法，会使得市场更加活跃，能够推动发展，用得不得法，会扭曲市场的配置作用，脱离市场之后，它会形成发展的阻碍和瓶颈。现在要从产业主导型的发展走向市场支配型的发展。

第二是开放市场，构建一个新型的市场体系，是国家调节市场，市场调节企业的机制体制，而不是国家直接支配企业，开放市场环境，使得企业能够自主经营，能够自主选择消费，各种资源能够自由流动，市场是统一而不是分割的，这样所有资源的配置就会有比较好的效益，发展也是比较健康的发展。

第三是建设一个多层次的市场，如果形成一个激发全民族创造力为核心的市场，那么，它的顶层应该是什么？这个市场满足不同的消费需求，这个市场是多层次的，顶层应该是价值、观念、思想，最下面才有娱乐性和消费性的东西。从内容上来讲，这个东西是多层次的，从经济上来讲，也是多层次的。一个健康的市场环境是健康平衡的发展环境，而从内容角度、从激发创造力的角度来说，它的顶层是先进的思想。如果贯彻这样的主导思想，以市场对资源配置的基础性、决定性作用，构建从高端思想到低端娱乐性的消费，我们应该面对一个什么样的改革环境？前一段有一本书很受关注，著名的诺贝尔经济学家科斯专门讲中国经济，就是我们缺乏先进思想，我们的思想不够活跃，我们的思想创新性不足，这可能是阻碍我们发展的最重要的因素。我认为文化产业领域最需要突破的是内容创作，而内容创作里最需要突破的不是郭德纲的相声、二人转，最需要突破的是观念、思想、价值，而这个东西没有碰撞、自由竞争和市场化的配置机制，仍然是不行的，这是一个全新的任务。

最后有一些想法提出来供进一步讨论。中国的文化产业是一个复杂性极高的产业，对此必须有充分的认识。

第一，中国的文化产业是在市场还没有充分开放时由国家推动产业发展，导致政府和市场的不接轨。我们还没有市场，政府就直接推动这个产业了，任何产业政策都要基于开放性的市场，如果没有开放性的市场，产业的推动就是政府自娱自乐。在这种情况下，中国通过推动产业来推动市场开放，或者说用市场的开放来激励产业发展，这是一个矛盾，很难解决。

第二，中国是在工业化还没有完成的时候发展后工业性质的文化产业，导致文化产业部门和国民经济不兼容。所有的文化企业投资，无形资产评估不到位，文化企业贷款贷不到，没有抵押物，所有的东西都说明整个经济体系还是服务于传统工业经济的一套体系，这一套经济体系不能服务于文化的生产，这方面需要解决的问题是全方位系统性的问题。

第三，我们是在整体改革目标还不明确的条件下发展文化产业的，即所谓的经济政治结构的二元化，文化产业在这中间，是从经济的规律来判断它，还是从政治的意识形态重要性来判断？如果现在意识形态的属性还是决定性的属性，那就不要说文化产业在市场环境里运作了，那还是应该把它作为政府的宣传文化工具；如果说文化产业是现代产业，它首先遵循的第一规律是经济发展规律，资源配置的决定作用是在市场，那就应该把市场规律作为决定性的规律。

因此，中国的文化产业是在一个很复杂的经济社会和政治环境中的产业，我相信三中全会公告提出的市场化发展总体思路，给出了一个非常强烈的信号：就是中国改革的方向是不会变的，中国的改革下一阶段力度会大大超过前十年。我们要根据这样的发展总体目标，来不断推进文化领域的体制机制创新，合理化建构，很多问题需要每天的工作和具体问题的解决来推进，而不是单纯在一些大原则上争议。所以我认为合理性的构建比合法性的讨论要重要，我认为合理性构建的重要意义超出了合法性，只有这样才能为文化产业发展真正开拓空间。

互动交流

1. 中国有五千年的文化历史，为什么竞争不过美国?

【听众提问】:

我们中国有五千年的文化历史，而美国才两百多年，为什么我们竞争不过美国?

【张晓明】:

五千年只是说明我们的文化资源很大，我们中心2000年成立时做的第一个课题就是为什么中国有五千年的历史，美国只有两百年，中国是文化资源的大国，却是文化产业的小国，这是长春同志给我们提出的第一个课题。我们的回答是文化产业在很大程度上叫技术依赖型和开发依赖型产业，文化资源没有“所有人”，这个资源谁都可以开发。大熊猫是中国的，但是美国人就不能开发大熊猫吗?资源是开放的，是人类文化的遗产，但是你的资源能不能成为你的产业，取决于你能不能开发它，你开发了，这个资源就是你的。美国这个国家最大的优势就是它是一个移民国家，所以它在文化方面有一个文化熔炉政策，开放性的市场环境，不同的文化企业自由竞争，满足市场的需要，所以在美国文化企业可以迅速做大。美国和中国很像，美国在20世纪上半叶成长为世界老大，就是人口总量基数大，除了中国、印度这些亚洲大国，就是美国，美国有3亿人口，20世纪还没有到3亿，人口规模大，经济发展速度快，消费增长快，国内市场又统一开放，只要在美国市场上把企业做大，它走出美国，它就是全世界第一。中国有可能变成美国之后第二个在国际文化产业中主导型的国家，因为中国也是这样，我们的历史比美国悠久，但是我们的人口规模基数更大，我们有十几亿人口，我们的经济发展速度快，消费增长快，这样的因素只要构建起一个统一的文化市场，让企业能够自主运营，公平竞争，消费者能够自主选择消费品，各种文化资源能够自由流动，创造力可以激发。中国的文化产业是全世界任何一个国家都比不了的，可以在所有的领域同时发展。现在每年有一千部电影，已经是全世界最多的了，动漫产量超过了日本，我们的民族工艺品，在全世界占了40%，中国在文化领域可以成为世界大国。

2. 我国和世界文化创意产业的主要发展情况，未来我国对外文化交流传播的主要领域和交流方式有哪些?

【听众提问】：

感谢张主任给我们做了这样精彩的演讲，我有两个问题，第一个问题，根据您对我国和世界文化创意产业的主要发展和最新的研究领域，请您简单与我们分享一下。第二个问题，刚刚您介绍了孔子学院在世界发展速度比较快，建议我们强调对外文化交流传播功能，未来我国对外文化交流传播的主要领域和交流方式有哪些?

【张晓明】：

关于全球文化产业的发展趋势，今年我们正在做第三本国际文化产业蓝皮书，我们从全世界主要的行业协会、大学研究机构、企业搜集了几百篇报告，梳理之后翻译成中文，会在年底公布在文化产业蓝皮书中。今年的主题就是转型升级，实际上是数字化，最大的变化是新技术的推动，技术领域这两年在文化方面引起的变化是其他任何人都比不了的，包括大数据、云计算，包括谷歌眼镜等发明，文化产业与娱乐、教育不断渗透和融合。除此以外，我们又做了另外一个研究——文化科技前沿报告，有一个课题组研究了一套指标体系，用这个指标体系进行大数据式的搜索，然后每年要提出全球十大文化科技前沿，实际上是和文化科技相关的十项主要技术，里面有一个科技和教育结合非常紧的领域，文化产业正在变成一个与传统文化产业很不一样的东西，它和新技术相关产业的结合，处在一个转型的关键阶段。

关于中国文化怎么走出去，包括今后采取什么样的方法，单纯以国家的方式推动文化走出去，我觉得它已经完成前一阶段的任务。在产品生产方面，我们已经是全世界最大的出口国了，中国在发展中国家是第一位了，可以和西方发达国家在文化贸易方面取得一个平等地位。下一步就会成为全世界最大的文化进出口国家，不仅是出口，而且会进口。我们不能单纯讲“出去”，单纯讲出去就会给很多国家造成一个文化倾销印象，因为你在经济上影响很大，我们的体量确实大。我觉得应该有一个更新的全球化的国家文化战略。我们正在启动这样的研究，国家对外文化发展战略，像孔子学院、中华文化中心都是战略研究计划中的组成部分，像闽南文化这样的主题都是中国对外文化发展战略的组成部分，像这样的课题我们都在做。

汪玉凯简介

汪玉凯 现任中国行政体制改革研究会副会长，国家行政学院电子政务专家委员会副主任、教授，国家信息化专家咨询委员会委员，中国（海南）改革发展研究院学术委员会委员，是“中国特色官邸制研究”课题负责人。

近年来致力于公共管理、中国政府改革以及电子政务方面的研究，出版各类著作20余部，发表论文300余篇；参与由国务院办公厅、科技部组织实施的电子政务示范工程总体方案的制订；主持制订国内多家城市电子政务总体规划项目，主持完成国家“十五”重大科技攻关项目中国电子政务法律法规研究、中国电子政务发展战略研究等课题。

中国改革发展的新阶段与政府改革

汪玉凯　　　　2013年12月18日

各位领导，大家下午好！非常高兴能到华大讲堂，和泉州市这么多领导、华大老师一起讨论学习三中全会决定的内容。我是陕西人，我看你们这儿普通话讲得非常好，比我讲得标准，我在农村长到14岁，14岁进县城，这个话已经完全定型了，再改也改不了，好多人以为我是内蒙古人或者山西人，实际上我是陕西人。习近平在陕北插队，陕西的关中代表陕西话，陕南就像四川话了，陕北就靠近山西和内蒙古，所以我讲话更多像内蒙古和山西人，好在大家听一般普通话没有问题。

我下午讲的题目是“中国改革发展的新阶段与政府改革”，我想用一个题目把这次改革决定的主要精神串起来，因为改革内容太多，要全面解读也比较困难，所以我想从改革发展新阶段与政府改革的视角谈一些我的理解。大体讨论三个环节：第一，改革发展新阶段对政府的挑战；第二，政府改革的重要性凸显；第三，排除改革的阻力需要更大的勇气和智慧。

一　改革发展新阶段对政府的挑战

党的十八届三中全会通过了《中共中央关于全面深化改革若干重大问题的决定》。如果大家注意到的话，在这个决定里，对整个改革发展的形势作了一个判断，有两句话：发展进入了新阶段，改革进入攻坚期、深水区。我认为这次三中全会发布的60项改革选项都是建立在形势判断的基础之上的。为什么中国经历了30多年改革发展之后还要启动这样大的改革？我想肯定有它内在的逻辑和依据，所以我用改革发展新阶段这样的概括来表示现在进入了转型时期。

这个新阶段大概有三个标志，一是中国改革发展的整体格局发生了重大改变，二是传统的发展方式走到了尽头，三是中国社会面临的风险有增无减。

1. 中国改革发展已经取得了巨大成就，但人们对改革的认知度在大大下降，中国的形象不断被西方国家误解误读

从改革发展的整体格局变化来看，我们现在可以用三句话来概括目前中国改革发展的整体格局。

第一，中国改革发展已经取得了巨大成就，但是人们对改革的认知度在大大下降。换句话说，现在中国人再也不像30多年以前那样支持拥护改革，很多人都反对改革，这种反对改革的声音，既来自老百姓，也来自上层精英。对老百姓来说，如果改革更多是危及普通老百姓的切身利益，这种改革老百姓是不会支持的。上层反对改革的声音也在加大，否则我们不能解释中国为什么会发生薄熙来现象。在我看来，薄熙来不仅仅是一个贪腐、滥用权力、受贿的问题，他基本是离开了大政方针，另搞了一套，在他看来邓小平那一套不行了，他需要另起炉灶另辟蹊径，但是药方没开对。在目前利益格局发生重大改变的环境下，改革的共识比当年启动、达成改革都要难。

第二，中国“双转”在快速推进，但积聚了大量的社会矛盾和社会冲突，“双转”就是体制转轨、社会转型，我们由计划体制转向市场体制，我们的社会由传统社会走向现代社会，由农业社会走向工业信息社会，“双转”在快速推进，但是又积聚了大量社会矛盾和冲突。在20世纪90年代，每年发生的群体性事件平均是一万起左右，但这几年每年都在14万~15万起，中国的群体性事件在这十多年中翻了十几倍，这说明中国社会矛盾冲突激化了。为了维持稳定，大量增加公共安全支出，2012年的公共安全支出超过7000亿元，军费开支是6700亿元，公共安全支出比军费开支多几百亿元，这7000多亿元的公共安全支出大部分用来维稳。为了维持稳定，大量增加公安干警，全国公安干警现在超过200万人。我前几天在香港的一个班上讲课，我问他们香港公务人员和警察的比例是多少，他们说是20：1，就是21个公务人员中有一个警察。我们总共有708万公务人员，其中包括了200万公安人员，也就是不到4个公务人员中就有一个公安人员，所以维持稳定的成本非常高。在我看来，维稳是一篇大文章，不是简单出动警力就能解决所有问题的。

第三，中国在国际社会的影响力越来越大，中国在世界上的话语权越来越多，但是中国的形象不断被西方国家误解误读。误解误读的背后既有深刻的政治原因，更有复杂的经济利益。特别是在美国重返亚太以后，正在构建对中国的战略包围圈，在目前的环境下，更多是大国之间的经济利益博弈，我们能不能保住35年来的改革开放成果，抓住现在的机遇，对新任领导人提出了前所未有的挑战。美国的战略目标是非常清晰的，就是要制造干扰因素，挑动日本、菲律宾、越南，让中国不要这么顺当地发展。不要过早和美国竞争，以前毛泽东在世的时候，苏美争霸，当时毛主席提出三个世界的理论打破了这个格局，给中国赢得了发展的时机。现在美国正在重返亚太，正在搞对中国的战略包围圈，现在中国的改革开放外部环境急转直下，在这样的环境下，我们能不能提出新的战略，打破这个包围圈，这将关系到中国的未来，挑战前所未有。

2. 传统的发展方式走到了尽头：一方面中国经济在持续快速发展，另一方面我们付出了高昂的代价

传统的发展方式走到了尽头。走到尽头的直接表现为：一方面中国经济在持续快速发展，另外一方面我们付出了高昂的代价。从经济发展来看，在1978年中国改革开放起步的时候，中国人均GDP还不到非洲最穷国家的1/3，那个时候中国是世界上最穷的国家，2012年我们人均GDP达到了6000美元，中国进入了中等偏上收入国家行列，这是一个历史性的剧变。在过去的34年里，我们的经济平均增长9.8%，持续高增长34年，已经创造了历史。在人类历史上，还没有过这样大的经济体经济连续高增长34年，达到9.8%的增长速度，中国创造了历史。但是反过来看，我们付出了很高的代价，也包括对胡温执政时的评价，有人说过去十年是辉煌的十年，有人说是停滞的十年，甚至有人说是倒退的十年。我们不要简单定性，对胡锦涛执政的十年，我认为可以尽量用事实来说话，我讲三个事实。

第一个事实，2002年胡温上任的时候，中国是一个区域性经济大国，十年后胡温卸任，中国变成全国性经济大国。

第二个事实，2002年胡温上任的时候，中国经济总量排名世界第七位，胡温还没卸任，到2011年，中国经济总量上升到全球第二位，超过意大利、英国，又超过了法国、德国，最后超过日本。现在日本这样公开和中国撕破脸皮，很大程度上是日本难以接受中国成为亚洲经济老大、全球老二的事实。

第三个事实,2002年胡温上任的时候，中国人均GDP为1700美元，十年以后胡温卸任，中国人均GDP达到了6188美元，翻了三倍。这十年我们历史性地取消了农业税，2003年“非典”以后，各级政府明显加大了对民生的投入，是低水平广覆盖，包括农村大多都有了合作医疗，甚至有了基本的养老保障。

在充分肯定中国经济取得巨大成就的同时，也可以看到我们付出的代价很高。2012年中央党校曾经请我给四个省部长班讲过专题，包括现任财政部部长楼继伟、原温家宝总理办公室主任邱晓雄，我给他们讲课的时候，他们坐在最中间，给省部长上课最后必须要留40分钟进行广泛深入的互动。我记得当时楼继伟还不是中国财政部部长，他是中国投资的老总。

我在省部长班上提出四个“难以为继”，过去几十年发展下来，基本的发展方式再也不能持续了：第一，低成本出口战略已经难以为继；第二，低端产业主导的经济结构难以为继；第三，资源和环境的传统利用方式难以为继；第四，收入分配不公引发的社会问题，使社会稳定的大局“难以为继”。这四个“难以为继”就是中央在“十二五”中确定的主要发展方式的基本逻辑。

举几个例子说明我的观点。首先，低成本出口战略难以为继。像泉州经济是非常发达的地区，我们当年提出战略决策，率先开放东南沿海，通过东南沿海带动中西部。1978年邓小平把中国国门打开的时候，国际资本像潮水般涌向中国，当时世界经济刚刚迈出全球化的第一步。为什么国际资本都愿意到中国来投资？现在回过头来看，主要有三个因素：第一，中国资源价格非常低；第二，中国有取之不尽、用之不竭的廉价劳动力，东莞外来人口比本地人口多了好几倍，泉州也差不多，有的地方外来人口远远超过本地人口；第三，各地政府开出优惠条件相互竞争，都希望吸引外资。这三个因素使外资愿意来中国投资，但很多“外资”打了引号。发达国家开始有计划地把落后和对资源环境破坏严重的产能以外资投资的方式大规模向中国转移，中国当时没有选择，要解决吃饭问题，所以来者不拒，成就了中国的加工业，中国加工业一举发展起来。当中国物美价廉的产品源源不断走向世界的时候，拉低了全世界的消费费用，原来在美国买一瓶水是4美元，大量中国货进来以后，变成了2美元，所以发达国家老百姓从中国物美价廉的产品中获得了巨大实惠。

我们的产品为什么有这么强的竞争力？现在回想起来也有三个因素：第一，原材料便宜，东南沿海剥夺了内地，内地当时有资源，但没有人才和钱，东南沿海有钱，所以把这些内地的廉价资源倒腾过来卖到海外，海外剥夺中国，然后中国沿海剥夺内地，就是这样的格局；第二，几亿农民工没有社会保障，不用支付数亿农民工的社会保障成本；第三，不用支付治理环境的成本，发达国家走过一条先污染后治理的道路，我们自觉不自觉地又重走了一遍，所以现在雾霾蔓延中国，过去不善待大自然，现在大自然反过来报复你，已经走不下去了。

我们必须要启动内需，当我们的对外贸易增长的时候，没有人愿意改革，既没有改革的压力，也没有改革的动力。自从2008年金融危机爆发以后，一夜之间，中国很多外向型企业没有订单了，对东南沿海的冲击非常大。我们的问题是美国金融危机爆发以后，引发了发达国家对中国产品需求的直线下降，这个时候，传导到实体经济上来，把我们经济发展的体制机制问题全部暴露出来。未来要争取出口，但全球化进入新阶段，很多国家都在关门，我们进出口贸易的两位数高增长时代已经结束了，必须下决心启动内需。

再举一个例子，我们国家过去34年经济发展高增长，在我看来，我们基本上是“三高换一高”，资金高投入、资源高消耗、环境高污染换来34年9.8%的高增长，我们是大量透支资源、破坏环境、消耗能源作为高增长的支撑，这是不可持续的。一个国家一年消耗全世界40%的钢材、水泥，这肯定不可持续。世界上流行三句话，三流企业卖产品，二流企业卖专利，一流企业卖标准，最高端的企业是卖标准的企业，我们大量的企业没有自己的品牌和专利，就赚加工组装的钱。我们出口的服装90%都是贴牌生产，贴意大利、法国的。乔布斯发明了iPhone、iPad两个产品，一出世就变成了世界标杆，在这个产品以下的都被淘汰了，去年诺基亚还是第一大手机供应商，市值3000亿美元，今年被美国微软以 70 亿美元收购了，原因就是创新不足。如果这么大的中国只有低端产业，不能在高端有话语权，就永远不能成为大国强国。现在之所以下决心淘汰落后产能、发展新兴产业、培养高端人才、启动国家创新战略，核心就是要争取在世界产业高端有话语权。

比如计算机，2010 年我们的计算机“天河一号 A”在世界五百强评比中获得第一名，后来习近平曾到湖南长沙国防科技大学看这台计算机。它每秒运算速度达到 2750 万亿次，比美国的计算机每秒钟快了 800 万亿次。当时震撼美国朝野，美国高官马上召开会议，怎么世界上最快的计算机到中国去了，不在美国？白宫介绍完情况以后，国会那边松了一口气，不要紧，原来中国“天河一号 A”超级计算机里装的 7700 多块 CPU、3300 多块图像处理器全都是美国英特尔公司产的美国货。核心东西都是别人的。

在张德江还没有到重庆当书记、薄熙来案件没发生前，当时温家宝总理委托张德江副总理听了一次国家信息化专家的工作汇报，包括吴敬琏先生。当时有三个人发言，其中一个老先生是当年江泽民当政时的信息化顾问，快 80 岁的老人，给总理汇报的时候说到激动之处，最后流泪了，他激动得老泪纵横，说不出话来了。他说他搞了将近 60 年电子，现在是快 80 岁的老人，一生有三大遗憾：一是中国到现在都没有形成自主可控的计算机技术体系，二是中国没有形成自主可控的软件技术体系，三是中国没有形成自主可控的微电子技术体系。这三大技术体系，中国人完全跟在美国人屁股后面，一步一步学美国，俄罗斯比中国技术水平低了一些，但俄罗斯完全自主可控，不受美国人控制。这个老先生建议中央应该参照毛泽东周恩来时代打原子弹翻身仗的方式，组织国家力量打中国信息技术的翻身仗。

如果2010年这位老先生的发言震撼了张德江副总理的话，那么2013年6月美国棱镜门斯诺登事件则震撼了中共高层。这个事件告诉我们，中国完全被美国全方位监控，如果核心技术都在美国手里掌握着，国家安全没有根本性保障，这是非常危险的。

美国那天发布了一个网络空间的国际战略。这个战略发布了以后，美国人说，我们是第四战略。第二次世界大战以后，美国人说他们的政治经济受到威胁以后，可以用救市手段，现在提出他们的网络受到攻击以后，也可以用救市手段打击你。当时胡总书记就召集专家开座谈会讨论美国的战略意图，我也出席了。当时有一个工程院院士，是中国的防火墙之父，一个大学校长。他那天发言非常气愤。他说："我主导研制中国的防火墙，我成了中国的罪人，我昨天在武汉大学被鞋砸了。"这个院士研制了中国的防火墙，结果谷歌退出中国的时候，他接受了一次新华社记者的采访，让上亿网民盯上了他。他们想就是这个人研制了防火墙，让我们看不到信息，什么都屏蔽了。连续三天，这个院士被人肉搜索，上到谷歌排名第三位。到武汉大学演讲的时候，前后两排的人同时往上扔鞋，前面的鞋让人挡住了，后面的鞋没挡住，打中了他。这个院士还没飞到北京，正在武汉往北京飞的路上，外面就报道中国防火墙之父在武汉大学演讲被鞋打中了，说他研制出来如何屏蔽信息，还没有研制出如何屏蔽鞋。他在被鞋打中两天之后参加中央办公厅的这个会议，他非常激动。我们现在没有其他的办法，我们不掌握高端技术，我们只能屏蔽，用关键词屏蔽，但中国语言太丰富了，根本没办法屏蔽。比如谣言说江泽民去世了，网上到处在屏蔽"江泽民去世"这几个字，结果网民根本不用这两个字说，这怎么屏蔽？十八大以前，网上到处说温家宝总理和周永康怎么了，网上就到处屏蔽温家宝和周永康，但网民根本不用原词。这个院士说我们只能用关键词，关键词在中国不管用，汉语言太丰富了，稍微变一下，你就没有办法了。最后只能屏蔽网页，把很多工程师屏蔽住了，我们很多软件工程师需要国外开放代码来开发软件，结果我们把网页屏蔽了以后，把开发员的代码都屏蔽了，工程师开发不了软件。中国这么大的国家，如果不能在核心领域掌握关键技术，就完全受制于别人，非常危险。所以传统的发展方式已经走到了尽头，走不下去了。

3. 中国社会风险有增无减

十八大以后，新一届政府上任，高调反腐，从严治党，强调法治。但是新一届领导上任还没有化解中国的危机，还不足以化解中国的风险，他们为解决中国问题提供了重要的机会，奠定了基础，但风险和危机还在。

中国现在面临着四大风险。

（1）经济风险，经济下行的压力越来越大。

2012 年经济增长速度掉到 7.6%，这到底是经济高增长 30 多年以后的理性回归，还是中国经济出大问题了？现在看法不一，高层不断放话说经济没出大问题，我们为了转变发展方式、提高经济增长质量，有意降低了经济增长速度，现在数据也印证了这个观点，但是经济发展中的潜在性危险，高层也非常关注。至少有几个风险，一是房地产泡沫。二是地方债务。这次中央工作会议提出六条，第一次把地方债务放在了重点位置。现在说不清楚，官方公布是 12 万亿元，民间说是 20 万亿元，甚至外国有人说超过 30 万亿元。领导不能一拍屁股走了了事，以后追究终生责任，你要是借了债，造成了后果，终生要负责。三是大量房地产项目投资以后，卖不出去，成本收不回来，欠了大量债务。这三个风险是相互关联的，有一个出问题，就可能引发连锁反应，虽然高层说经济没有出大问题，但是经济风险是很大的。过去十年胡温执政，至少手上有一张牌，就是经济一直是高增长，经济增长这张牌反过来解决了不少社会问题。如果一旦经济增长速度降到了中央领导的心理底线 7%，一旦掉到 7% 以下，就会引发社会动荡。

（2）社会风险。

最大的问题就是整体社会利益格局被扭曲，造成利益格局被扭曲的原因有多方面，但在我看来最主要的是三个原因。

分配不合理。目前的分配制度明显不合理，30 多年来，四大差距没有一个被缩小，都被放大了，城乡差距、贫富差距、行业差距、地区差距都被放大了。13.4 亿中国人，还有 1.2 亿人没有解决贫困问题，不是温饱，温饱是中国的标准，没有解决温饱的人口是 2800 多万。没有解决贫困问题的人是 1.2 亿，这个贫困标准是联合国的标准，联合国的标准是每人每天达不到 1 美元。我们没有解决温饱是没有达到 0.66 美元，我们现在还有 2800 万人没有解决温饱，如果按照联合国的贫困人口标准，我们还有 1.2 亿人。另外，中国富人在全世界兴风作浪，在全世界扫货，购买奢侈品，在欧美国家买房炒房，把房价都抬起来了，我们的分配制度确实出了问题。

机会不均等。企业和企业发展不在公平竞争的起跑线上，国有企业过于强势，民营企业相对弱势。这些年来，国有企业进步，民营企业后退，而国有企业解决不了腐败问题。人和人发展不处在公平竞争的起跑线上，有权有势的人的孩子发展空间大，农民的孩子即使考上一流大学，毕业以后也未必找得到体面的工作。有人说中国进入了全面拼爹时代，一个小孩发展空间多大是看父母能耐有多大，阶层正在被固化，底层的人往上流动空间越来越小。在中国大国有企业任职的领导人多数有权力背景，现在的资讯非常发达，大家都很清楚。我们经常可以看到一些地方火箭式提拔、招考公务人员，资格限制到只有他的儿女、亲戚朋友能报，其他人连报名资格都没有。一个四五流大学毕业生到县上工作两三年就变成了团县委副书记、乡镇副镇长。从表面上看，组织部门推荐考核样样齐全，仔细一瞧，后面都有推手。这种阶层如果被固化，就有可能引发革命，所以中国改革是在和革命、危机赛跑。

既得利益兴风作浪。既得利益在利益格局扭曲中扮演了推波助澜的角色。

这三者叠加扭曲社会利益格局，所以这可能是社会不稳定的根源。

（3）信任风险。

我们对老百姓的承诺能不能兑现，医疗、教育、社保、就业服务、保障性住房，我们能不能让更多普通老百姓享受到改革开放的成果，直接关系到老百姓能不能再次信任党和政府。实际上，我觉得中国真正的危机是信任危机，老百姓不信任政府。700多万公务人员自己都不信任自己了，绝大多数公务人员都有三套话语体系：在学习的时候大家说的话都是一样，坚持三个代表，落实科学发展观，坚决和党中央保持一致；晚上和朋友一起吃饭划拳喝酒一句三个代表都不说，完全说另外一套话语体系；回到家和老婆小孩说话又是一套话语体系。中国人格扭曲得让人不敢真实地表达自己，这本身就是信任危机。习近平最初上任的时候，他作了一个判断，说腐败亡党亡国，所以他加大力度推进反腐败活动。但是前不久，他又作了一个判断，人心向背决定执政党的生死存亡，我觉得习近平后面的判断更加接近问题的本质。

（4）政治风险。

我们能不能用笼子把权力关起来，不仅仅关系到遏制腐败的蔓延，更关系到老百姓能不能再次起来支持我们的改革。

四大风险没有因为新领导上任得到根本化解，所以才需要有更大的勇气通过改革释放红利，化解危机，这是改革新阶段的历史使命。

二　政府改革的重要性凸显

在改革进入新阶段——全面改革以后，政府改革的重要性凸显出来了。这里讲两个观点，一是我们要认识中国改革内在逻辑所发生的变化，二是我们要把握未来政府改革要解决的核心议题。从改革的逻辑来看，过去30多年多数是以经济体制改革为主导，其他改革说到底都是为经济体制改革服务，但是越到后面，政府越来越成为社会矛盾的中心，成为社会矛盾的焦点。尽管这次三中全会说仍然要以经济体制改革为重点，但是经济体制改革目标的实现，主要矛盾不在经济，而在政府，政府改革已经成为联系经济改革、社会改革、政治改革、文化改革、生态改革的中间点。

1. 政府改革的三个理由

为什么政府改革的重要性凸显？至少有三个理由。

（1）五位一体改革，每一项改革的推进都有赖于政府本身改革的推进。

比如经济层面的改革，好改的都改了，剩下的都是硬骨头，都和政府息息相关。比如金融改革，敢不敢放开利率？放开利率，国有银行就有可能破产，政府敢不敢让利率市场化？财税改革更和政府有关系，分配制度改革，政府掌管分配改革的杠杆，国企改革主导权主要在政府，所以说经济领域的关键改革最终都和政府有关系。五位一体改革的推进都有赖于政府改革的推进。

（2）政府治理能力直接关系到国家治理的成效。这次三中全会决定中提出三个治理，国家治理、政府治理、社会治理，把“管”改成了“治”，标志着最高领导人接受了现代国家治理的理念，也标志着它的内涵发生了重要变化，定位为两句话：“坚持和完善中国特色社会主义制度，推进国家治理体系治理能力现代化。”把整个改革大目标定位在这两句话，推进国家治理体系治理能力的现代化，这个国家的治理体系既包括制度体系，也包括组织体系；既包括内政外交，也包括经济、政治、社会、文化、生态和治理能力；既包括官员的价值观念，也包括管理手段方式。所以把整个目标定位为国家治理体系和治理能力的现代化，我觉得是非常有战略远见的选择。“治”是多元的，“管理”是讲政府自己。在治理形态下强调双向互动，在管理形态下政府凌驾在社会之上，颐指气使，发号施令；在治理形态下，强调管理公开透明，在管理形态下可以暗箱操作；在治理形态下，更加强调监管，在管理形态下，更加强调过程。政府治理处在国家管理的第一线，所以政府的管理水平高低、治理能力强弱直接影响到国家治理水平。

（3）政府存在的问题也迫使我们加快政府改革的步伐。

我们过去推动过多次政府改革，改革成就很大。从 1982 年到 2008 年，我们搞了六次改革。举一个例子，1982 年是第一次改革，当时邓小平提出四句话，机构臃肿，人浮于事，效率低下，机构改革是一场革命。在这一次改革中，国务院一下把 100 个部门裁掉 39 个。在我看来，这次改革不在于精简 39 个部门，后来有很大反弹，真正的成效有两个，一个是1982年邓小平第一次提出废除党和国家领导干部终身制，如果没有终身制被废除，就不一定有胡锦涛和习近平，至少在高层达成一个共识，谁也不能终身任职，这对我们国家产生重大影响。第二个是1982年邓小平提出“四化”标准（年轻化、专业化、革命化、知识化），用四化标准改造这支一千万党政干部队伍，几十年下来收到重大成效。如果没有四化标准，党政干部队伍整体素质不能达到现在的水平。前几年北京大学有意见，北大教师在课堂上调侃，说中国的高层领导是“满清王朝北大荒”，高层政治局常委基本都是清华大学毕业的，北大毕业的一个都没有，现在北大不荒了，二号人物李克强就是正宗北大文科毕业生。为什么会出现“满清王朝北大荒”？这是当时的特殊环境决定的，改革开放以后我们首先实现工作重心转移，以经济建设为主导，当时名牌大学毕业的工程师率先被提拔到领导岗位上来。这些人中有很多人当得了领导，好多人当不了领导，当工程师是一把好手，当领导就不合适，很多人早就被淘汰了，像胡锦涛、温家宝、吴邦国、吴官正走到政治局常委的不是技术官僚，已经变成了政治家，但是越到后来，文科背景的人就慢慢上来了。十八大以后，大批文科毕业背景的高官都走向了前台，因为文科毕业的毕竟在治理国家方面有优势，如学法律、经济、管理的。这是世界规律，现在是比较偏科，不像前些年是比较畸形的，大量是工科毕业生，工程师搞管理。

现在政府的问题有三个，一是结构不合理；二是政府管理运行中深层次问题没解决好，老百姓不满意，比如说职能转变滞后，政府自身改革滞后，行政审批过多过滥，变成腐败的温床，社会管理、公共服务功能薄弱，这些关键问题，老百姓有意见；三是政府行为得不到控制，政府工程、形象工程、奢侈浪费，这些对政府形象损害很大。以审批为例，每一个国家都有行政审批和许可，这些都是重要的管理手段。但要仔细研究的话，你会发现中国的审批面太宽，审批事项过多，审批程序不规范，审批中大量的暗箱操作。按照我的研究，中国目前审批结构大体可以看出是由计划经济体制转向市场经济体制过程中出现的怪胎，这个怪胎反过来是要吃人的，多少优秀官员在怪胎面前败下阵来。我说两组数据，从 1978 年到现在，全国一共查处了 430 万人职务犯罪，省部级高官腐败有 470 人，习近平 2012 年上来到现在查处省部级官员 14 个。

我长期给官员讲课，国家行政学院的学员，都是司局级以上的领导干部，省长、部长，国有企业、大企业领导人。别说一个人到了省部级高官，到了司局级就相当于泉州市的书记、市长、人大主席、副主席，到了这层岗位上，都是经过了多年努力付出的。

对大多数人来讲，是一步一步往上熬，科级、处级、局级、部级，而且中间还有副的，现在更复杂了，助理调研员，然后才能到副处长，当了调研员，才能当正处长。台阶越来越多了。一个人一步一个台阶能到副司局级领导职位，这要经过多年奋斗努力才可以达到，很多人出身贫寒，经过不简单的奋斗经历，甚至做出过重要业绩。但是我的另一个判断就是，当一个人的权力大到靠人性本身难以抵御的时候，如果再没有外部约束，谁都会走向反面。一旦通知你双规，“双规”动静非常大，双规部级干部，首先派六个武警，一个人要陪吃陪睡，一个人值班 4 小时，6 个人就是 24 小时。北京计委请我做过一次报告，就是在昌平，我问他这是什么地方，他说这是双规的地方，中纪委双规高级官员经常在这个地方，中纪委双规点在怀柔，北京市双规点在昌平。进去以后，最紧张的就是前三天，有头往墙上碰的、不吃饭的，情绪调整不过来，省部级高官突然被双规后，最容易出问题的就是前三天，三天以后就慢慢冷静下来了。我们培养一个省部级干部得花多少钱？所以一定要拿掉这个不合理的制度，行政审批是怪胎。

2012 年十八大以前，贺国强召开一次专家会议，当时通知我去参加，但没有说是贺国强主持会议，让每个专家写一个发言提纲，结果正式开会那天交了提纲，我没有去。结果会开完后，中纪委给我打电话，告诉我说贺国强书记在会上表扬我了，之所以表扬我，是因为他看了我提交的发言提纲，他非常认同。我的标题就是中国腐败是体制性、制度性腐败，如果不拿掉这个不合理的制度，还会把很多好人变成坏人，这得到了贺国强的认可，如果不拿掉审批制度，还有很多官员倒台。

2. 未来政府改革的目标和核心议题

未来政府改革的目标和核心议题在哪里？根据我对三中全会的理解，我认为主要有五个路径，从 2014 年开始在地方推动行政改革，2013 年主要是在国务院进一步优化结构、转变职能、创新管理方式、提高政府执行力、加快服务型政府和法治政府建设步伐，通过这五条路径解决五个核心议题。

（1）重构政府与市场的关系，发挥市场在资源配置中的决定性作用。

我前天和吴敬琏先生在一个讲台上讲话，他在我前面发言，他说他对这次决定的理解，最大的突破就是两个字，把过去市场在资源配置中的基础性作用改成了决定性作用，把“基础”改为“决定”，这是这次全会决定中最大的理论突破。反过来看，凡是影响市场在资源配置中起决定性作用的机制、制度设计都是改革的对象，政府要在市场决定论的基础上发挥作用。如何重构政府与市场的关系？

开放市场，打破行政壁垒，必须构建统一的市场体系，开放金融，让民间资本可以办金融机构，实行利率市场化。国有银行可以倒闭，要建立存款的保险机构，人民币可以自由兑换。这就是发挥市场机制的作用，要打破垄断，国有企业不能再垄断，要发挥市场在价格形成中的机制作用，要建立公平的市场竞争环境。

政府向市场放权，减少行政干预。比如说减少投资审批，减少对生产经济活动的审批，减少不必要的检验、检测环节，减少行政性事业收费，改革企业注册制度，大大降低市场准入门槛，鼓励人们创业。过去注册企业有资本金要求，现在没有了，你拿一块钱就可以注册企业。过去注册企业需要盖很多章，办很多证件，现在颠倒过来，一注册马上发营业执照，过去是“先证后照”，现在是“先照后证”。很多海外归来有知识的博士后创业者，他们没有资本，就靠知识智慧，如果过度要求要多少钱，他们没有钱，这就挡住了。现在就把门槛都降下来了，进了以后再按企业法来管理，而不是把人拒之门外，不让人进来。

（2）权力保障民生，维护社会公平正义。

过去中国老百姓最大的意见就是正义的问题，老百姓说政策的制定似乎在某些方面越来越有利于富人，越来越有利于强势利益集团。有人讲中国上层在精英化，中国下层在碎片化，政治精英和财富精英结合，政治精英掌握权力，财富精英掌握金钱；一种是官员，一种是老板，这两者结合得越来越紧密，官商勾结。我特别关注官商勾结，我们抓出来400多名官员腐败，绝大多数都是官商勾结。只有一个人没有，就是中共中央马列主义编译局的局长衣俊卿，中央编译局的女博士写了像《金瓶梅》一样的小说，把他给揭露了，据说“三个自信”就是衣俊卿给中央建议的，对中共形象造成巨大的损害。和王立军是一样的，王立军是副部级打黑英雄，一夜之间跑到美国驻成都领事馆了。

下层碎片化，农民利益受损以后，没有组织替他们表达，个人和社会抗争，和当地政府抗争，政府拆你的房子，政府征你的地，所以有人上访，有人堵塞交通烧汽车。这种群体性事件后面是政策的公平正义问题。这次最大的亮点就是体现社会的公平公正，三中全会提出的 60 项改革选项中有 18 条关系到民生，如果把三中全会的逻辑概括下来就是三句话：第一，均衡利益；第二，释放活力；第三，自我革命。在保障民生方面采取一系列举措，一是要加大医疗、教育、社保、就业服务、保障性住房的投入；二是要围绕民生体制机制深化改革，比如说医疗、教育、社保等等，明确提出取消以药养医、医药分离，明确提出要实现教育公平，取消某些考试科目，甚至把国民教育、成人教育统一一体化，明确讲要调整计划生育政策，一些人都可以生第二个小孩，延长退休年龄，解决养老保障的缺口问题，这都是非常具体的，有改革内涵。还有逐步取消医院、学校、科研机构的行政级别，这牵涉的面非常广，现在有 126 万家事业单位，学校、医院、研究机构的行政级别取消以后，如何构建待遇体系、管理体系，这有一系列的问题。

最大程度地关注农民群众、弱势群体。过去改革开放 30 多年，最大的教训就是剥夺了农民的利益。多少年来，我们关注“三农”，主要“一号文件”经常是三农文件，这 30 多年下来，从结构上分析，似乎对农民造成双重伤害。第一重伤害，从改革开放到现在，农村一共向城里输入了 2.6 亿劳动力，这些人都在农村接受九年义务教育，他们到城里以后，没能和城市同等人群处在同一就业起跑线上，他们干着城里最脏最累的活，拿到的报酬相当于城市同等人群的一半，还没有最基本的社会保障。年龄大了打不动工了，回乡下养老，这个城市和他们没关系。几年下来，我们剥夺了数以亿计的农民工的青春年华。第二重伤害，我们的城镇化变成了圈地化，城镇化过程更多变成了城市扩张的过程。从 2000 年到 2010 年中国城市人口增长了 26%，但中国的城市面积扩张了 50%，为什么城镇化变成了圈地化？是土地制度决定的。我们的土地制度规定农村土地归集体所有，城市土地归国家所有，但在农村和城市的边界，城镇化的推进不断在改变现状。比如这里是城郊农村，过两年就变成城市了，从集体土地变成国家土地，应给农民补偿。政府以公共用地为由，把土地拿过来，除了公共用地之外，剩下的高价卖给开发商，政府独享了巨额土地增值收益，把农民排除在参与土地收益的分配权之外。2012 年土地出让金接近 3.3 万亿元，2011 年是 2.8 万亿元，几乎占整个财政收入的 1/3。现在征地越来越变成战争，关于土地改革的争议是最大的，到底让不让农民的土地流转，高层博弈很激烈，最后能写进去，我认为非常不简单。

一是要减少政府的征地范围，地方的土地财政要改变，要调整中央和地方的财税关系。另外，这个地方怎么发展，有连锁反应。二要建立农村和城市统一的建设用地市场，让国家土地和农民土地同等水平进入市场竞争，直接让农民获取利益，增加农民的财产性收入，让农村和城市的要素自由流动。这些选项最后能够写进去，实际上是改革的重大突破。有人担心如果农民把地流转了，没有地了，都涌向城市，会造成贫民窟。这种担心不是没有道理，但首先还是要让农民获取利益，所以有人说这次之后有可能进行第二次土改，我认为最终获利的还应是农民。

三是创新社会治理，释放社会活力。前几年在社会管理方面走偏了方向，我们是把社会管理变成了控制个人行为，出发点本身就有问题，这次主要把社会管理改成了社会治理。孟建柱 2013 年初讲了四句话引起广泛关注，叫废除劳教制度，改革信访制度，改革司法审判制度，改革户籍制度，现在这四句话都被写到改革决定中了。我认为这次社会管理改成社会治理，有一系列重大突破。一是我们搞了 57 年的劳教制度，这个时候决定废除了。过去公安部门可以不经过任何司法审判，最长可以剥夺一个公民自由权四年，最后一些地方的劳教制度就变味了，变成了维稳的工具，动不动就把人当精神病送去劳教。这次把劳教制度废除了，这是很大的举措。二是要改革司法审判制度，省级以下的法院检察院由上级统一管辖，不用当地政府管。三是要改革信访制度，要给社会放权。对私立社会组织都取消双轨制管理，过去社会组织成立都是双轨制，先找政府主管部门，城里办学校要找教育局，城里办医院要找卫生局，它们批准了才可以去民政部门注册，现在不需要了，80% 都放开了，还有科技类社会组织、公益类社会组织、社区服务类都放开了。今后只有政治类和宗教类还需要找主管部门，其他都放开了。通过这些改革选项，释放社会活力。

四是用法律构建制度笼子，用制度管住公权。我认为中国体制有许多优势，比如说集中国家力量办大事，一方有难八方支援，这方面确实有优势。但中国最大的软肋就是到现在没有找到一个对公权力进行有效约束的“四两拨千斤”的制度设计，计委系统、检察系统、审计系统、反腐败系统、预防腐败系统，有六七个主体都可以对公权力进行约束，但是对地方的一把手很难约束。

举一个例子，你们能不能找出纪委书记把党委书记拉下马的例子？这种个案几乎没有，这就说明这种制度设计是有缺陷的。一个地方的领导干部异地任职，这个领导干部家乡的建筑工程队在他所任职的地方就容易中标拿到工程，这种事情并不少见，所以一把手腐败很严重。银行的行长，交通厅厅局长经常会发生“前腐后继”的问题，前一个腐败刚下马，下一个又腐败了。我有一次给交通部门上课，讲了很多交通厅局长腐败的例子，结果他们说交通系统的腐败概率还没有银行行长高，银行行长腐败概率比交通系统腐败概率还要高。

这次中央下决心要构建一个反腐制度笼子，在约束公权方面进行大探索。一是要让人民接触权力，让人民接触权力的前提是让权力公开化，让权力在阳光下运行，而让权力在阳光之下运行就需要构建权力清单。北京西城区探索了经验，把每一个领导职位的权力都公开，画成图，这个书记行使哪些权力，画出路线图，全部向社会公布，要老百姓监督。二是在行政机构内部实行监督，相互约束。三是实现干部清正、政府清廉、政治清明。四是在反腐败的体制机制方面进行大胆创新。这次除了法院检察院要实行统一管理之外，第一个大胆的改革就是纪律体制的改革，同级党委不能再任命同级纪委书记，省纪委书记由中央提名，中纪委要向各个部委派出纪检组组长，都不能由本部委来任命，直接由中纪委任命。对党政官员提出更加严厉的要求，提出六不准（不准超标用车、不准超标配办公室、不准超标豪华接待等等）。最后加了一句探索实行官邸制等。这是我们研究的一个课题，送上去以后，被中央采纳了，我在课题设置中说得很具体，省、市、县需要实行官邸制，我就没有按照行政级别来设计。这次中央公布的《党政机关厉行节约反对浪费条例》，副部级以上的领导干部才能配专车，一般公务用车都要取消，这就意味着泉州市市长没有车了。我觉得这个事情可能有一点难度，我认为公车不要完全按照级别来设定，要根据工作需要。我的看法是一个地级市主要领导人、县市主要领导人，在中国体制下，如果没有车的话，工作会受到很大的影响，所以要根据工作需要来考量。省一级岗位，市县若干岗位，当然最后会不会完全按照我们的建议来实施，中央可能还在讨论，但这个方向已经定了。

五是加大政府改革力度，提高政府公信力。制定领导干部考核条例，一系列措施和条例出台以后，预示着要严管党政干部队伍。2004年我曾经写过一篇文章，说中国的公务治理应该坚持四句话，第一句话是严治官，第二句话是善待民，第三句话是创新政体，第四句话是稳定银根。没想到四年以后，习近平、李克强上台以后，似乎正在严厉整治官员，善待老百姓。三中全会以后，可能会有很多党政干部下台，当官太难，约束太多，完全有可能形成下台潮。如果中国不再整治干部队伍，仍像过去那样，中国政权会受到非常大的冲击和威胁。包括八项规定，八项规定出来以后，一开始大家没太关注，后来很快见效。2013年初做了一期节目，就是过春节前后40天，全国的高端餐饮业下降了40%，这是央视调查的结果。现在越来越受到影响，这说明过去高端餐饮绝大多数靠党政公款来支撑，现在茅台酒没人喝了，我们在这方面浪费非常大。

八项规定出来以后，很快在社会上产生成效。习近平上任以后直接到深圳，住商务酒店、吃自助餐，他的车队没有封路，和私家车并行，给邓小平献花圈的时候没有铺红地毯，一改中国领导人的出行方式。习近平上任提出的八项规定和他个人的感悟是有关系的，他在福建干了十几年，他的从政生涯基本架构是在这儿形成的，他对中国社会底层了如指掌。除了他个人的感悟之外，我认为也与其他人的建言有关。

举一个例子，十八大以后，当时胡耀邦的儿子胡德平举起一面改革的旗帜，我这两年参加了很多他的活动，他的活动多数都是通过胡耀邦的一个网站来组织活动，在他身边有一大批老一代高干子弟都主张改革。胡德平有一次在北京朝阳门外的一个大厦搞了一个活动，那次来了陈毅的儿子陈小鲁，还有罗瑞卿的女儿罗点点等等。那次讨论的议题是十八大已经召开了，大致的方针已定，我们可以提具体建议，第一条就是说主要领导出门一律不能封山，不封山、少封路、少扰民，他们在提这条建议的时候，批评了很多领导人。他们说邓小平当年上黄山都没有封山，现在政治局委员动不动就封山，封路更是家常便饭。他们点名批评了北京市委书记刘淇，2012 年刘淇从北京市委书记下来以后，刘淇上了一次长白山，当天把长白山给封了，有上万人上不了山，骂声连天，高干子弟非常气愤。这个建议交上去以后，没多久就有了八项规定，胡德平他们给中央的建议能够快速传上去。

前不久习近平到山东考察了五天，在他考察期间，山东省公安厅请我们给他们作报告，山东省一共有 12 万公安人员，那天大讲堂通过全省连线，听报告的大概有 9 万人，其他人维护秩序去了。因为习近平在山东考察了五天，本来是 25 号去，结果 24 号青岛发生爆炸，所以习近平提前去了山东。习近平后来转了五天，他提出不让封路，这给山东省公安系统的压力太大了。因为山东胜利油田车非常多，拉气拉油的，万一出事故，那怎么办？所以他们没办法，只能悄悄干，就派了很多骨干人员穿上便衣，开上社会车辆，在习近平车辆前后都是公安人员的车，还不敢跟总书记说。他到的地方连市长都不见，到青岛处理完事以后，就让姜异康陪着他，连省长郭树清都不让陪，到临沂、菏泽地级市，都不见市长，就让市委书记汇报了半个小时。所以他的一把手制度作风改了以后，对其他人影响非常大。八项规定出来以后，中央找了几个专家到中南海谈看法，我有幸被他们点名，我说过去中共没少作决定，但成效没有这一次显著，说到底就是一条，这一次是从最高层带头做起，从政治局带头做起。

三　排除改革的阻力需要更大的勇气和智慧

这次改革方案涉及面很宽，内容很丰富，但实施起来阻力很大。我们要研究改革的阻力，只有了解什么是阻力，我们才有可能有更大的勇气和智慧来化解它。在我看来，阻力主要来自于两个方面，一是既得利益，二是政府自身。在三中全会以前我发表过一篇文章，二次改革最大的阻力就来自于既得利益，我对既得利益作了界定，什么是既得利益？我认为既得利益就是通过非公平竞争的手段和方式，借助公权力和政策资源所获取的巨额利益。这个定义中有三个关键词：一是通过非公平竞争的手段和方式，二是主要借助公权力和政策资源获取巨额利益，三是巨额利益包括政治、经济和社会利益。

中国目前既得利益的形态：一是以贪腐官员为代表的权贵既得利益，二是以垄断行业为代表的垄断既得利益，三是以资源和地产行业为代表的资产和资源既得利益。这三大既得利益集团羽翼丰满、兴风作浪，既掌握权力，又掌握资源，还掌握资本，三者叠加。在目前的环境下，既得利益的危害是非常大的，它激化了三种冲突：官民冲突、劳资冲突、贫富冲突。在这些冲突的背后，我们都能看到既得利益的影子。

主要领导人对改革形势的判断，十八大以后不断放话，说改革进入深水区，改革要啃硬骨头，改革没有坦途，要准备付出改革的成本，实践发展永无止境，解放思想永无止境，改革开放永无止境，改革只有起点没有终点。习近平为什么说这些话？说明现阶段的改革阻力非常大，难度也非常大，风险也非常大。

他们对既得利益的判断，李克强上任时间不长，就说动利益比动灵魂都难，习近平讲要以更大的勇气和决心冲破利益固化的藩篱。他们都在讲既得利益，这些判断说明既得利益已经成为改革开放深化的最大阻力。从某种意义上讲，二次改革就是和既得利益作战，能不能战胜既得利益，这决定了改革的成败。

1. 政府自身改革的阻力不可低估

政府的阻力主要来自于观念、审批制度和部门利益，三个方面构成政府这次改革的阻力。观念方面，最主要的方面就是法治观念，很多政府官员缺少法治观念，政府权力和公民权利在法律条文上是完全相反的，法律条文规定老百姓不能做什么，规定政府只能做什么，法律没有规定政府能做的，政府都不能做，所以要依法行政。习近平上任以后如此强调法治，我认为有两种考量。

第一个考量是基于“文化大革命”的教训，无法无天，另一个就是薄熙来，从“文化大革命”来看，“文化大革命”最大的教训就是法制被破坏。刘少奇在他困难的时候，拿着一本宪法，在中南海的住所里歇斯底里地喊叫，说一部宪法保不了一个国家主席的生命安危，后来刘少奇被紧急疏散到河南开封，死了以后放在开封地下室过道里，除了两个专业人员之外，没有人知道这是国家主席刘少奇，都以为是急性传染病人。

第二个考量就是重庆唱红打黑，打黑不能离开法制，薄熙来事件就完全证实了这一点。有一次美国总统布什讲演时讲，人类千万年的历史，最珍贵的不是让人眼花缭乱的科学技术，也不是文人写那么多浩瀚的著作，不是政客们天花乱坠的演讲，而是人类实现对统治者的驯服，把统治者关在笼子里，让他不要害人，这个笼子就是一个国家的法律，他现在正站在笼子里向你们讲话。大家看到习近平上任以后也讲了制度的笼子，要通过笼子来管人管权管事。如果 708 万公务人员没有正确的法制理念，很难把这次改革方案实施好，这个理念本身就可能成为改革的阻力。

2. 审批制度改革阻力

这次把审批制度改革作为改革的突破口和抓手，如果审批制度改革不到位，向市场放权、向社会放权发挥市场作用都是空谈。审批制度改革是有难度的，我们政府一个部门是不是强势部门，主要是看审批多不多，许可项目多不多，这种改革就是壮士断腕，要拿起刀割自己身上的肉，如果审批制度改革不能到位，我想这次全面改革的决定方案都很难变成现实。

3. 部门利益的阻力

现在政府最大的问题就是权力被市场化，部门利益作祟，权力部门化、部门利益化、利益个人化。如果部门利益不能得到有效抑制，协调仍然变成政府最难的问题，很多改革选项也很难变成现实，这两种阻力有可能成为改革最大的拦路虎，所以才需要更大的智慧和勇气化解改革的阻力，靠什么来化解？主要有三种，一个是形成高度的改革共识，二是大胆解放思想，三是坚持创新，只有共识、创新、思想解放，才有可能冲破既得利益的格局。

粉碎“四人帮”以后，如果没有邓小平发动当年的讨论，我想我们不可能在这么短的时间内否定“文化大革命”。“文化大革命”否定不了，就很难实现党和国家工作重心的转移，工作重心转移不了，就不可能走向改革开放的道路。1992 年，邓小平在 1989 年动乱以后，在中国改革完全进入低潮时，在这重要的历史关头，又是邓小平在南方谈话中作出了一系列判断。如果没有这些判断，我们的改革未必能走到今天，比如说基本路线动摇不得，一百年不能动摇；比如说计划和市场都是发展经济的手段，不决定一个国家的政治制度，资本主义可以有计划，社会主义可以有市场；比如说不改革就死路一条，不改革就下台。如果没有 1992 年邓小平南方谈话的判断，我们的改革会不会走到今天都不一定。

现在也是重要关头，中央作出了一个全面改革的决定。我认为现在的改革几乎可以用这样的话来概括，就是中央现在越敢出手，在关键点上出击，就越能够获得老百姓的支持和信任，共产党的执政地位可能就越巩固；越不敢出手，越畏首畏尾，不但老百姓难以重新信任我们，甚至可能威胁到中国政权本身。这大概就是在新的历史条件下，中国改革开放的辩证法。

这是我的一些观点，供大家参考，谢谢！

后 记

经过一段时间的紧张筹备和编辑，《华大讲堂2013》终于和读者见面了。

全书内容系根据专家演讲的录音整理而成，保留了口语化深入浅出的表述方式，把专家的思想和见解娓娓道来，让人犹如亲临讲堂。同时，通过报告会上互动环节的内容，再现专家与现场听众的智慧交流、思想碰撞，能让大家一窥专家学者的风采和魅力，激发思考，启迪思维。

本书能够顺利出版，首先得益于各位专家学

者于百忙中拨冗审稿并授权；其次是得到社会科学文献出版社社长谢寿光教授的鼎力支持和宝贵指导，社会政法分社社长王绯和责任编辑曹长香尤付心力，谨此向他们致以最诚挚的谢意。

同时，也要向关心和支持本书出版的泉州市和华侨大学的领导以及各界人士表示衷心的感谢。此外，还要向为讲座录制整理、文稿编排校订等付出大量辛劳的华侨大学党委宣传部的工作人员表示感谢。

需要说明的是，本书是根据录音整理而成，从口语到书面语言转化的过程中，难免存在疏漏和错谬之处，祈望读者海涵赐谅并予批评指正。

期待今后有更多的人能够走进“华大讲堂”，愿读者能够喜欢本书并有所收获。

编　者

2014 年 3 月

图书在版编目（CIP）数据

华大讲堂．2013／陈庆宗，张禹东主编．—北京：社会科学文献出版社，2014.8
ISBN 978－7－5097－6319－3

Ⅰ．①华…　Ⅱ．①陈…②张…　Ⅲ．①社会科学－文集
Ⅳ．①C53

中国版本图书馆 CIP 数据核字（2014）第 178768 号

华大讲堂 2013

主　　编／陈庆宗　张禹东
副 主 编／赵小波　王松柏　郑国防

出 版 人／谢寿光
出 版 者／社会科学文献出版社
地　　址／北京市西城区北三环中路甲 29 号院 3 号楼华龙大厦
邮政编码／100029

责任部门／社会政法分社（010）59367156　　责任编辑／曹长香
电子信箱／shekebu@ssap.cn　　责任校对／姬春燕
项目统筹／王　绯　　责任印制／岳　阳
经　　销／社会科学文献出版社市场营销中心（010）59367081　59367089
读者服务／读者服务中心（010）59367028

印　　装／北京季蜂印刷有限公司
开　　本／787mm×1092mm　1/16
版　　次／2014 年 8 月第 1 版　　印　　张／12.5
印　　次／2014 年 8 月第 1 次印刷　　彩插印张／0.5
书　　号／ISBN 978-7-5097-6319-3　　字　　数／150 千字
定　　价／48.00 元